Déjà parus dans la collection Médecine familiale

Comprendre l'arthrite
Comprendre l'asthme
Comprendre l'eczéma
Comprendre l'hystérectomie
Comprendre l'incontinence
Comprendre l'infertilité
Comprendre l'ostéoporose
Comprendre la chirurgie de la hanche et du genou
Comprendre la glande thyroïde
Comprendre la grossesse
Comprendre la haute et la basse pression sanguine
Comprendre la ménopause
Comprendre la prostate
Comprendre le cancer
Comprendre le cancer du sein
Comprendre le cholestérol
Comprendre le diabète
Comprendre le parkinson
Comprendre le psoriasis
Comprendre le stress
Comprendre le syndrome du côlon irritable
Comprendre les aliments et la nutrition
Comprendre les allergies
Comprendre les effets du soleil sur la peau
Comprendre les maladies cardio-vasculaires
Comprendre les maladies infantiles
Comprendre les maux de dos
Comprendre les migraines
Comprendre les problèmes intestinaux
Comprendre les symptômes génitaux féminins
Comprendre les troubles alimentaires
Comprendre les ulcères et les problèmes d'estomac
Comprendre les varices
Comprendre vos yeux et les problèmes de vision

Comprendre la maladie d'**Alzheimer** et la **démence**

Dr Nori Graham et Dr James Warner

IMPORTANT

Ce livre ne vise pas à remplacer les conseils médicaux personnalisés, mais plutôt à les compléter et à aider les patients à mieux comprendre leur problème.

Avant d'entreprendre toute forme de traitement, vous devriez toujours consulter votre médecin.

Il est également important de souligner que la médecine évolue rapidement et que certains des renseignements sur les médicaments et les traitements contenus dans ce livre pourraient rapidement devenir dépassés.

© 2009 Family Doctor Publications, pour l'édition originale
© 2011 Les Publications Modus Vivendi inc., pour l'édition française
L'édition originale de cet ouvrage est parue chez Family Doctor Publications
sous le titre *Understanding Alzheimer's Disease and other Dementias*

LES PUBLICATIONS MODUS VIVENDI INC.
55, rue Jean-Talon Ouest, 2ᵉ étage
Montréal (Québec) H2R 2W8
CANADA
www.groupemodus.com

Directeur éditorial : Marc Alain
Traduction française : Ghislaine René de Cotret

Dépôt légal – Bibliothèque et Archives nationales du Québec, 2011
Dépôt légal – Bibliothèque et Archives Canada, 2011

ISBN 978-2-89523-662-7

Nous reconnaissons l'aide financière du gouvernement du Canada par l'entremise du Fonds du livre du Canada pour nos activités d'édition.

Gouvernement du Québec – Programme de crédit d'impôt pour l'édition de livres – Gestion SODEC

Imprimé en Chine

Table des matières

À propos
des auteurs

Le Dr Nori Graham (B.Med., B.Chir., FRCPsych, D.Univ.) est conseillère émérite de la section de psychiatrie pour les personnes âgées du Royal Free Hospital où elle a géré pendant plusieurs années un service multidisciplinaire à l'intention des personnes âgées atteintes de maladies mentales. Elle est présentement conseillère en soins mentaux au Nightingale House, une importante maison de santé à Clapham, à Londres, en Angleterre.

Le Dr Graham a été présidente à l'échelle nationale de l'Alzheimer's Society d'Angleterre de 1987 à 1994, puis présidente de l'Alzheimer's Disease International (ADI), un organisme ombrelle qui chapeaute diverses associations relatives à la maladie d'Alzheimer à l'échelle internationale, de 1996 à 2002. Elle est à l'heure actuelle vice-présidente de l'Alzheimer's Society d'Angleterre et vice-présidente honoraire de l'ADI.

En 1996, le Dr Graham a reçu de l'Open University un doctorat honorifique pour ses services communautaires.

Le Dr James Warner (B.Sc., B.Med. B.Sc., M.D., MRCP, FRCPsych) est conseiller de la section de psychiatrie pour les personnes âgées du St Charles Hospital, à Londres, en Angleterre. Il travaille avec une équipe qui procède à des évaluations dans la communauté et fournit des traitements aux personnes âgées atteintes de maladies mentales et de démence.

Parmi les intérêts académiques du Dr Warner figurent l'enseignement, la psychiatrie factuelle et la recherche sur la démence. Il a rédigé plus de 50 articles scientifiques ainsi que plusieurs livres et chapitres de livres.

Le Dr Warner est membre du comité de la section en psychiatrie des personnes âgées de la World Psychiatric Association. Il est aussi conseiller de la fondation For Dementia et est membre du conseil exécutif de la Old Age Faculty du Royal College of Psychiatrists.

Introduction

À qui s'adresse cet ouvrage ?

- Avez-vous l'impression de perdre la mémoire ?

- Votre père ou votre mère ont-ils un comportement étrange ?

- S'agit-il de la maladie d'Alzheimer ?

- La maladie d'Alzheimer et la démence sont-elles une seule et même chose ?

Ce livre s'adresse à vous si vous vous posez de telles questions. La démence est une maladie du cerveau. Nous allons d'abord définir la démence puis nous énumérerons ses symptômes. Le présent chapitre vous aidera à déterminer si un membre de votre famille, un ami ou vous-même êtes atteints de démence.

Nous discuterons ensuite des traitements existants et des façons d'obtenir de l'aide. Nous donnerons des conseils pour améliorer la qualité de vie d'un proche ou la vôtre dans le cas d'un diagnostic de démence. Par la suite, nous examinerons les perspectives d'avenir pour les personnes atteintes de démence, puis nous répondrons à quelques questions courantes. Pour terminer, nous expliquerons le fonctionnement du cerveau. Le chapitre sur le cerveau est plutôt technique, sentez-vous libre de l'omettre.

Il existe un grand nombre de mythes et d'idées fausses sur la démence. Ce livre est destiné à toutes les personnes souffrant de démence, ou qui soupçonnent qu'un membre de leur famille ou qu'un ami en est atteint.

Ce livre présente également de l'intérêt pour les personnes qui vivent ou qui travaillent avec des gens atteints de démence. Nous espérons qu'il vous permettra de mieux comprendre les causes de la maladie, son diagnostic et son traitement.

Définition de la démence

La démence est un terme servant à décrire toute condition se manifestant par la détérioration des fonctions du cerveau comme la mémoire, la réflexion, la reconnaissance, le langage, la planification ou la personnalité.

La démence ne fait pas partie du processus normal du vieillissement. Tout le monde a une moins bonne mémoire en vieillissant; ce n'est pas un signe de démence. La maladie d'Alzheimer est la forme la plus courante de la démence, bien qu'il en existe d'autres formes moins connues.

Qui est touché par la démence ?

La démence est répandue. On estime qu'il y a environ 35 millions de personnes atteintes de démence dans le monde et que ce nombre va en augmentant. Le risque de démence augmente rapidement avec l'âge. Selon les estimations, 1 personne de plus de 65 ans sur 11 souffre d'une forme de démence au Canada.

La démence peut toucher tout le monde, peu importe le mode de vie. Des personnalités comme Ronald Reagan, Harold Wilson, Margaret Thatcher, Iris Murdoch, Terry Pratchett et bien d'autres ont souffert de démence. C'est un problème sans frontières, qui touche tous les groupes ethniques et toutes les classes sociales. Personne n'est à l'abri de la démence.

Il est essentiel de savoir reconnaître les signes de démence chez une personne. Il importe de poser un diagnostic précoce et précis tandis que les personnes atteintes sont encore en mesure de planifier leur vie et de participer à leur traitement. Le diagnostic a aussi l'avantage d'expliquer pourquoi une personne réagit moins bien que dans le passé et lui permet d'obtenir toute l'aide nécessaire. Bien entendu, il est également très rassurant de se faire confirmer qu'on ne souffre pas de démence.

Faits et statistiques sur la démence

La démence est une condition répandue. En 2010, on estimait que 35 millions de personnes étaient atteintes de démence et que ce nombre atteindrait plus de 100 millions en 2050.

La démence survient rarement avant l'âge de 65 ans, bien qu'elle puisse se manifester aussi tôt que dans la trentaine. Environ 1 personne de plus de 65 ans sur 20 souffre de démence, et 1 personne de plus de 80 ans sur 6 en est atteinte. Il y a plus de cas de démence puisque le plus grand facteur de risque est le vieillissement et que les gens vivent de plus en plus vieux.

Les deux tiers environ des personnes atteintes de démence vivent chez elles. Près des trois quarts des gens qui vivent dans des maisons de santé sont atteints de démence. Les personnes atteintes peuvent vivre de nombreuses années avec la maladie; il n'est pas rare de voir des gens vivre de 7 à 10 ans après avoir reçu un diagnostic de démence et finir par mourir d'une tout autre cause. Dans à peu près tous les cas, la démence s'aggrave avec le temps, et les malades ont besoin d'une surveillance constante parce qu'il n'est plus sécuritaire pour eux de vivre seuls.

Diagnostic et traitement de la démence

Il est terrifiant de recevoir un diagnostic de démence. D'autres maladies telles que la dépression ou des maladies débilitantes (par exemple la maladie de Parkinson) peuvent ressembler à la démence. Toutefois, seule une évaluation consciencieuse faite par un médecin permet de diagnostiquer la démence.

Il s'est fait beaucoup de recherche pour développer des traitements contre la démence au cours des 15 dernières années, et on dispose à l'heure actuelle de plusieurs médicaments pour traiter la perte de mémoire et les troubles cognitifs. Il y a également eu une grande évolution dans la compréhension du soutien à apporter aux personnes atteintes de démence ainsi qu'à leur famille et à leurs donneurs de soins.

Nous décrivons dans cet ouvrage la façon de diagnostiquer la démence et son traitement. Il est important de se rappeler que les services ou les installations décrits ne sont pas offerts dans toutes les régions.

Vivre avec la démence

Avec de l'aide, du soutien et de bons soins, les personnes atteintes de démence peuvent jouir d'une bonne qualité de vie. La démence ne se limite pas à la perte de la mémoire. Plusieurs autres problèmes peuvent se manifester durant la maladie, y compris l'anxiété, la dépression, la perte de l'orientation, l'incontinence et l'agressivité, qu'il est possible de traiter. À cet effet, nous incluons des conseils pratiques pour mieux faire face aux divers problèmes de la vie courante qui accompagnent la maladie.

Nous citons dans cet ouvrage des exemples de problèmes et de difficultés qui peuvent survenir. Même s'ils s'inspirent de situations vécues, nous avons changé les noms afin de préserver l'anonymat des patients.

POINTS CLÉS

■ Le terme « démence » sert à décrire les symptômes qui surgissent lorsque des maladies et troubles précis touchent le cerveau.

■ La démence ne fait pas partie du processus normal du vieillissement.

■ La démence est une condition répandue qui touche 10 % des Canadiens de plus de 65 ans et 35 % de ceux de plus de 85 ans.

Définition
de la démence

Étude de cas – Marie

Marie, une ouvrière d'usine à la retraite, a 79 ans et vit seule depuis le décès de son époux il y a trois ans. Marie se préoccupe de plus en plus de la qualité de sa mémoire. Récemment, après avoir fait des courses, elle a laissé son chariot dans la bibliothèque où elle était allée rendre un livre. Un autre jour, elle a oublié son code d'identification personnel lorsqu'elle est allée toucher son chèque de pension au bureau de poste.

Marie a consulté son médecin, car elle craignait d'avoir la maladie d'Alzheimer. Le médecin l'a écoutée avec attention et lui a fait passer de nombreux tests. Marie ne souffrait d'aucune forme de démence. « À mesure que nous vieillissons, notre mémoire faiblit, lui a expliqué le D' Thomas. Mais une mémoire moins vive ne signifie pas forcément qu'une personne souffre de la maladie d'Alzheimer ou d'une autre forme de démence. »

Le présent chapitre définit la démence et décrit ses formes les plus courantes ainsi que les différentes maladies qui y ressemblent.

Qu'est-ce que la démence ?

La démence est un terme qui s'applique à plusieurs affections qui touchent le cerveau. Tout comme le mot « arthrite » réfère à diverses causes de douleurs articulaires, il existe plusieurs formes de démence présentant des symptômes légèrement différents. Le type de démence le plus courant est la maladie d'Alzheimer, mais il en existe bien d'autres.

La plupart des formes de démence ont des symptômes semblables, notamment :

- la perte de mémoire;

- des troubles de réflexion et de planification;

- des difficultés de langage;

- le défaut de reconnaître des gens ou des objets;

- des changements de personnalité.

Le cerveau humain accomplit de nombreuses fonctions. Préparer du thé semble être une activité anodine, mais c'est en fait une tâche complexe qui permet de représenter diverses fonctions du cerveau :

1. nous nous représentons une tasse de thé (pensée abstraite) et décidons de la préparer (motivation);

2. nous demandons aux personnes présentes si elles veulent une tasse de thé (langage);

3. nous planifions la préparation du thé, en classant les étapes dans l'ordre, par exemple déposer le thé avant de verser l'eau bouillante (exécution);

4. Nous nous rappelons où sont rangés le thé, le sucre et le lait (mémoire);

5. nous branchons la bouilloire et sortons tous les ingrédients requis (fonction motrice);

6. nous écoutons le son de la bouilloire (ouïe), sans nous laisser distraire par d'autres activités (attention et concentration);

7. nous versons avec soin (concentration) la quantité adéquate d'eau (jugement) sur les sachets de thé;

8. au goût, nous ajoutons du lait et du sucre dans le bon ordre (planification);

9. nous attendons que le thé soit moins chaud (jugement), puis le dégustons (goût);

10. pendant toute la procédure, nous avons probablement parlé et agi comme à l'habitude (personnalité).

La plupart des lecteurs de ce livre ont, à un moment ou à un autre, fait une erreur dans la préparation du thé. Par exemple, ils ont pu ranger les sachets de thé dans le réfrigérateur et le lait dans le garde-manger au lieu de l'inverse. Ou bien, ils sont peut-être allés dans le salon pour demander aux gens qui voulait du thé, mais ont oublié ce qu'ils voulaient demander, ou encore, ils ont fait du thé mais ont oublié de le boire.

Ce type d'oubli n'est pas un signe de démence. En fait, lorsqu'une personne est atteinte de démence, plus d'une fonction mentale lui fait défaut, et ce, pas seulement une fois, mais de plus en plus souvent avec le temps.

Par conséquent, on peut définir la démence comme suit :

Des troubles graduels et répétés touchant plus d'une des fonctions mentales (comme le langage, la planification, la motivation, la mémoire ou la personnalité).

La Classification internationale des maladies (CIM) donne la définition suivante de la démence : chacun des symptômes suivants, présents pendant au moins six mois chez une personne sans affaiblissement de la conscience :

- un déclin ou une perte de la mémoire;

- un déclin ou une perte d'autres capacités cognitives comme le jugement, la réflexion, la planification;

- un déclin ou une perte du contrôle émotionnel (par exemple de l'irritabilité) ou de la motivation.

Symptômes de démence

Les troubles de mémoire et de la pensée complexe comptent parmi les premiers symptômes dans plusieurs formes de démence. La perte de mémoire concerne habituellement les choses récentes. Une personne peut donc se rappeler les événements vécus il y a des années, mais oublier ce qui s'est passé la veille, voire il y a quelques heures.

Il convient de distinguer la démence des causes de confusion mentale aiguë (manifestation soudaine). La démence se développe pendant des mois, voire des années. Si une personne devient confuse en quelques heures ou quelques jours, il ne s'agit sans doute pas de démence.

L'état confusionnel aigu est habituellement causé par d'autres facteurs physiques comme :

- une infection (par exemple, une infection des voies respiratoires ou une infection urinaire);

- une réaction à des médicaments;

- de la douleur ou de la constipation;

- un accident vasculaire cérébral (AVC);

- d'autres causes physiques.

La démence est elle-même un facteur de risques qui peut aggraver un état confusionnel aigu; cependant, dans tous les cas, une personne qui manifeste une confusion soudaine (ou accrue) doit consulter un médecin afin d'en déterminer la cause.

La confusion des personnes atteintes de démence peut augmenter s'il se produit un changement dans leurs habitudes, par exemple faire un voyage ou être hospitalisé.

Formes de démence

Il existe un grand nombre de formes et de causes de démence, mais la plupart des personnes atteintes souffrent de l'une des quatre formes suivantes :

1. la maladie d'Alzheimer;

2. la démence vasculaire;

3. la démence à corps de Lewy;

4. la démence fronto-temporale.

Nous traiterons de ces quatre formes dans cet ouvrage. À elles deux, la maladie d'Alzheimer et la démence vasculaire représentent 90 % des cas de démence.

Des scintigraphies cérébrales et des examens du fonctionnement du cerveau (tests cognitifs) peuvent aider les médecins à déterminer la forme de démence dont souffre une personne. Toutefois, la seule façon de déterminer de façon définitive la forme de démence consiste à effectuer une biopsie du cerveau (ablation d'un peu de tissu cérébral et analyse de celui-ci au microscope). Cette procédure est plutôt rare.

Maladie d'Alzheimer
Étude de cas – Gilles

Gilles avait 74 ans lorsque sa conjointe, Élizabeth, a remarqué que quelque chose n'allait pas. Au départ, elle a constaté que Gilles ne s'occupait pas adéquatement de sa propriété. Il avait été un passionné de jardinage dans le passé et avait gagné de nombreux prix pour ses légumes. Récemment, cependant, Gilles avait commis des erreurs, notamment en plantant des graines au mauvais moment, en oubliant d'arroser ses plantes et en laissant les mauvaises herbes tout envahir. Les voisins se plaignaient de l'apparence négligée du terrain.

Au début, Élizabeth a cru que Gilles n'aimait plus le jardinage, puis d'autres incidents se sont produits. En revenant de faire les courses un jour, Gilles a pris un mauvais chemin et a emprunté une rue à sens unique à l'envers.

Quelques semaines plus tard, il lui est arrivé de s'emporter parce qu'il ne comprenait rien à son relevé bancaire, un comportement très inhabituel chez lui.

Élizabeth a tenté de l'amener voir un médecin, mais Gilles a déclaré qu'il allait tout à fait bien. À un moment donné, Élizabeth a appelé elle-même le Dr Bérubé. Ce dernier lui a dit que tout cela n'était sans doute dû qu'à l'âge de Gilles et lui a recommandé de ne pas s'en faire.

Les choses ont empiré durant l'année qui a suivi. Gilles faisait des choix vestimentaires douteux, portant parfois les mêmes vêtements jusqu'à ce qu'Élizabeth lui dise de se changer. Il s'est mis à répéter des conversations et à poser plusieurs fois la même question.

Gilles a abandonné le jardinage et restait assis pendant des heures à ne rien faire. Élizabeth a insisté pour qu'il consulte son médecin et s'est assurée d'être présente lors de la consultation. Le médecin a noté tous les problèmes de Gilles et lui a pris un rendez-vous auprès d'un centre d'évaluation de la mémoire.

Après avoir visité Gilles à domicile et lui avoir fait subir quelques tests, le conseiller a diagnostiqué la maladie d'Alzheimer.

La maladie d'Alzheimer est la forme la plus courante de démence. Environ deux tiers des personnes atteintes de démence souffrent de la maladie d'Alzheimer. Alois Alzheimer a été le premier à décrire la maladie il y a plus de 100 ans dans un rapport sur l'état de santé d'une femme dans la cinquantaine. Sa description montre l'éventail des symptômes qui peuvent se manifester durant l'évolution de la maladie :

Alois Alzheimer, 1864–1915

L'un des premiers symptômes apparents de la maladie chez une femme de 51 ans s'est d'abord manifesté sous forme de jalousie intense envers son mari. Peu après, la patiente a montré des signes croissants de perte de mémoire : elle se perdait dans sa propre maison; elle passait son temps à déplacer, puis à replacer des objets; elle se cachait ou, à l'occasion, elle était convaincue que des gens vouaient la tuer et se mettait à crier éperdument. À certains moments, elle délirait, traînait ses draps partout où elle allait et réclamait constamment son mari et sa fille. Elle semblait souffrir d'hallucinations auditives. Parfois, elle criait pendant des heures avec une voix horrible.

Les symptômes de la maladie d'Alzheimer sont en général légers au début de la maladie. Il s'agit souvent d'une perte de mémoire légère qu'il est difficile de distinguer des oublis normaux associés au vieillissement.

On peut également observer une confusion légère (par exemple dans la gestion des factures) ou des troubles du langage au début de la maladie. La maladie d'Alzheimer commence lentement et présente des symptômes légers. Il est rare qu'on puisse déterminer avec précision le moment où la maladie a commencé, et il est fréquent qu'une personne en soit atteinte un an ou deux avant de recevoir son diagnostic.

La maladie d'Alzheimer a aussi tendance à évoluer lentement. D'autres symptômes se manifestent à mesure que la maladie progresse (voir la page 36). Avec le temps, le patient peut devenir invalide et nécessiter des soins constants.

Que se passe-t-il dans un cerveau atteint de la maladie d'Alzheimer ?

Les scientifiques savent maintenant beaucoup de choses sur ce qui se passe dans le cerveau des personnes atteintes de la maladie d'Alzheimer. Le cerveau est constitué, entre autres, de milliers de cellules nerveuses qui permettent à une personne de réfléchir et de mémoriser des informations.

Le cerveau touché par la maladie d'Alzheimer produit une protéine anormale appelée « amyloïde », et ce, pour des raisons encore méconnues. Des quantités microscopiques d'amyloïde se fixent sur les parois extérieures du cerveau, formant des plaques.

On pense à l'heure actuelle que ces plaques nuisent à la santé des cellules nerveuses et des neurones. Les neurones contiennent une protéine appelée « tau » dont le rôle est de préserver la forme des cellules nerveuses. Les neurones lésés commencent à produire des protéines tau irrégulières, et ce sont ces formes irrégulières qui modifieraient la structure des cellules.

Tissus du cerveau vus au microscope

Les tissus du cerveau touchés par la maladie d'Alzheimer présentent des enchevêtrements et des plaques.

Plaque amyloïde

Enchevêtrements
neurofibrillaires

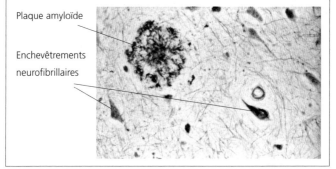

Certaines cellules nerveuses meurent et s'effondrent, formant des agrégats appelés « enchevêtrements ». Ces enchevêtrements et les plaques d'amyloïde sont visibles au microscope et confirment la présence de la maladie d'Alzheimer.

La taille de certaines parties du cerveau, notamment le lobe temporal (la partie du cerveau où se loge la mémoire), diminue en raison de la mort des neurones. Cette diminution de la taille apparaît parfois sur les scintigraphies cérébrales, ce qui peut aider le médecin à poser un diagnostic.

Les cellules nerveuses du cerveau communiquent entre elles à l'aide de substances chimiques qu'on appelle « neurotransmetteurs ». Le nombre de ces neurotransmetteurs diminue dans la maladie d'Alzheimer, et certaines thérapies ont pour but d'en augmenter la quantité (voir le chapitre « Traitement de la démence », à la page 54).

Causes de la maladie d'Alzheimer

On connaît peu de choses sur les déclencheurs de la maladie d'Alzheimer. Il se pourrait que la maladie soit héréditaire, mais seulement dans les cas très rares où elle survient tôt dans la vie.

Évolution de la maladie d'Alzheimer

1. Cerveau normal

Les neurones du cerveau transmettent des messages par impulsions électriques à d'autres parties de l'organisme à l'aide de substances chimiques appelées « neurotransmetteurs ».

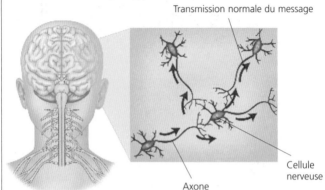

Transmission normale du message

Cellule nerveuse

Axone

2. Cerveau atteint de la maladie d'Alzheimer

Dans le cas de la maladie d'Alzheimer, certains tissus du cerveau sont lésés, ce qui nuit à la transmission des messages, provoquant ainsi les symptômes de la maladie.

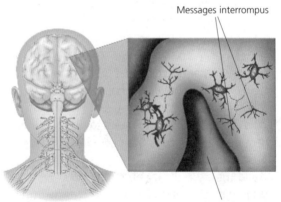

Messages interrompus

Diminution de la taille du cerveau
en raison de la mort des neurones

Caractéristiques principales de la maladie d'Alzheimer

- La maladie d'Alzheimer est la forme la plus courante de démence.

- La maladie touche un peu plus de femmes que d'hommes.

- Plus de 26 millions de personnes dans le monde ont la maladie d'Alzheimer.

- La maladie se manifeste après l'âge de 70 ans dans 90 % des cas.

- L'évolution de la maladie est lente au début, et ses symptômes sont très légers.

- La mémoire est habituellement touchée en premier.

- L'évolution de la maladie est graduelle et s'étale sur plusieurs années.

- Les gens peuvent vivre 10 ans ou plus après un diagnostic de maladie d'Alzheimer et meurent souvent d'une autre cause.

Facteurs de risque de la maladie d'Alzheimer

On définit les facteurs de risque comme les caractéristiques qui augmentent la possibilité de développer la démence. Le vieillissement est le principal facteur de risque dans le cas de la maladie d'Alzheimer; ce risque s'accroît considérablement au-delà de 70 ans.

Il y a aussi d'autres facteurs de risque, quoique moins importants : être de sexe féminin, avoir subi des blessures répétées à la tête (les boxeurs, par exemple), souffrir d'hypertension artérielle, être obèse et ne pas faire d'activité physique.

La consommation d'alcool en petite quantité (environ un verre de vin) sur une base régulière pourrait réduire le

Facteurs pouvant accroître les risques de développer la maladie d'Alzheimer

- Le vieillissement.
- Le fait d'être de sexe féminin.
- Des facteurs génétiques (hérédité).
- Une blessure à la tête.
- Un niveau d'éducation peu élevé.
- L'hypertension artérielle.
- Un taux de cholestérol élevé.
- Le diabète.
- L'obésité.

risque de développer la maladie d'Alzheimer. En revanche, une forte consommation d'alcool peut l'augmenter.

Hérédité et maladie d'Alzheimer

Un très petit nombre de personnes développeront la maladie vers la cinquantaine. Dans le cas d'une apparition précoce, la maladie peut être causée par la présence d'un gène anormal transmis d'une génération à une autre. Les gènes, constitués d'ADN, sont emmagasinés dans les chromosomes, lesquels se trouvent dans toutes les cellules de l'organisme.

Les gènes transmettent de l'information, comme la couleur de la peau et des yeux, d'une génération à une autre. Chaque personne possède une paire de gènes pour chaque caractéristique. Certains gènes développent des anomalies, ou mutations, et ces gènes anormaux peuvent transmettre des maladies.

On a découvert des mutations géniques dans divers chromosomes (les chromosomes 1, 14 et 21) qui transmettent la maladie d'Alzheimer. Si une personne est porteuse d'une telle mutation, il y a de fortes chances qu'elle la transmette à la moitié de ses enfants en moyenne.

Il est très probable qu'une personne qui hérite de l'un de ces gènes développe la maladie d'Alzheimer, et ce, dans la quarantaine ou la cinquantaine. Cela survient toutefois très rarement. La maladie d'Alzheimer attribuable à une mutation de gènes représente moins de 1 cas sur 1 000.

Dans le cas d'antécédents familiaux importants d'apparition de la maladie d'Alzheimer avant l'âge de 60 ans, les médecins peuvent décider d'effectuer des analyses afin de déterminer si les membres de la famille qui sont en santé sont porteurs du gène de la maladie.

La grande majorité des personnes atteintes ne l'ont pas développée de façon héréditaire.

Dans cette forme « non héréditaire » de la maladie, le risque demeure plus grand chez une personne dont des parents proches sont atteints de la maladie que chez une personne qui ne présente aucun antécédent familial. Par exemple, une personne n'ayant aucun proche parent touché par la maladie d'Alzheimer a 1 chance sur 50 d'être atteinte à son tour vers 70 ans. Ce pourcentage passe à 1 chance sur 20 lorsqu'il y a un parent atteint, et s'accroît encore lorsque deux membres de la famille sont atteints.

Démence vasculaire
Étude de cas – François

Je m'appelle François. J'ai 69 ans et j'ai travaillé des années comme chauffeur de taxi. J'ai d'abord remarqué un changement au travail, car j'ai commencé à conduire des clients au mauvais endroit. Ma solide connaissance des rues de la ville était ma grande fierté; alors je me suis fait du souci.

Un jour, je me suis senti un peu étourdi et j'avais du mal à trouver les bons mots pour m'exprimer. Cela n'a duré qu'une vingtaine de minutes, mais j'étais tellement troublé que je suis allé consulter mon omnipraticien. À ce moment-là, mes troubles de mémoire s'étaient aggravés. Mon médecin m'a obtenu rapidement un rendez-vous avec un spécialiste.

Après quelques tests, le spécialiste m'a dit que la scintigraphie cérébrale montrait une faible irrigation sanguine du cerveau et, qu'en conséquence, j'avais souffert de nombreux petits AVC. Je ne m'en étais pas rendu compte !

Le médecin m'a aussi fait subir plusieurs tests de mémoire et a conclu à un début de démence vasculaire. De plus, mon taux de cholestérol était élevé et je souffrais d'hypertension artérielle. Je prends de l'aspirine et un médicament afin de maîtriser mon hypertension artérielle. Je me porte assez bien, mais j'ai dû cesser de travailler et je suis quelque peu dans les jambes de mon épouse.

La démence vasculaire est la deuxième cause de démence en importance. Environ une personne atteinte de démence sur quatre souffre de cette maladie, soit seule ou combinée à la maladie d'Alzheimer (on parle alors de démence mélangée).

La démence vasculaire (aussi appelée démence par infarctus multiple ou affaiblissement cognitif vasculaire) survient parce que l'irrigation sanguine du cerveau devient insuffisante ou que le sang ne parvient plus à une région du cerveau.

Le cerveau a besoin de beaucoup de sang pour fournir de l'oxygène aux cellules nerveuses. Il reçoit environ 20 % du sang en circulation dans l'organisme.

Le cœur pompe le sang dans les artères. À mesure que ces artères s'enfoncent dans le cerveau, elles se ramifient en une multitude de plus petits vaisseaux appelés « artérioles ». Chaque artériole irrigue une petite partie du cerveau.

En général, les parois des artères et des artérioles ont une texture lisse, mais peuvent devenir plus épaisses en raison de plaques lipidiques appelées « athéromes ».

En présence d'athéromes, l'artère s'amincit et ses parois perdent de leur élasticité. Moins de sang peut alors y circuler. Il arrive qu'il se forme un caillot sanguin qui bloque complètement l'artère. Quand cela se produit dans le cerveau, il en découle un AVC.

La formation d'un athérome

L'athérome résulte du dépôt de gras à l'intérieur des parois des artères. Les plaques peuvent prendre tellement de volume que la circulation sanguine s'en trouve réduite.

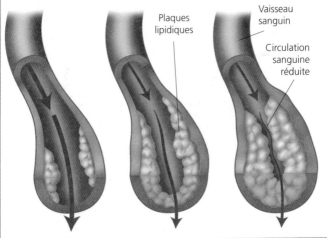

Plaques lipidiques

Vaisseau sanguin

Circulation sanguine réduite

Une interruption temporaire de l'apport sanguin à une région du cerveau n'entraîne pas toujours des séquelles permanentes. Il s'agit d'un accident ischémique transitoire (AIT). En revanche, l'AVC peut causer des dommages durables.

Si le blocage artériel responsable d'un AVC se produit dans une petite artère ou artériole, l'AVC sera plutôt faible et les symptômes, mineurs. Toutefois, l'AVC qui touche une artère principale peut détruire une section du cerveau et causer la mort ou avoir de graves conséquences, dont la paralysie, la perte du langage ou la cécité.

La démence vasculaire peut résulter soit d'une diminution de l'irrigation sanguine du cerveau due à un rétrécissement des artères causé par un athérome, soit d'un ou de plusieurs AVC. Les gens présentent souvent des antécédents d'AIT ou de plusieurs AVC mineurs avant de développer la démence vasculaire.

Accident vasculaire cérébral (AVC)

La cause la plus courante de l'AVC est la thrombose, c'est-à-dire l'obstruction par un caillot sanguin d'un vaisseau sanguin qui alimente le cerveau en nutriments vitaux.

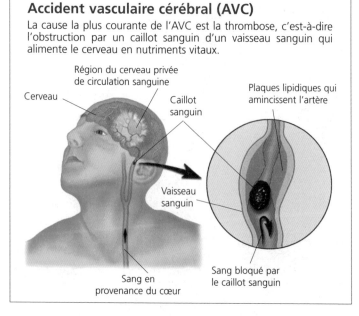

Région du cerveau privée de circulation sanguine

Cerveau

Caillot sanguin

Plaques lipidiques qui amincissent l'artère

Vaisseau sanguin

Sang en provenance du cœur

Sang bloqué par le caillot sanguin

La démence vasculaire peut se manifester plus brusquement que la maladie d'Alzheimer et se détériorer par paliers avec des phases où l'état s'aggrave (on parle d'évolution par étapes) plutôt que de façon graduelle. Les personnes atteintes de cette forme de démence, surtout durant les premières étapes, peuvent avoir des périodes de lucidité (longues ou brèves) où elles sont plus « présentes ».

Caractéristiques principales de la démence vasculaire

- C'est la deuxième cause de démence.

- Elle est légèrement plus courante chez l'homme que chez la femme.

- Elle découle d'une irrigation sanguine insuffisante du cerveau.

- La maladie se manifeste soudainement et s'aggrave par étapes.

Symptômes de démence vasculaire

Les symptômes de démence vasculaire varient selon la partie du cerveau qui ne reçoit pas assez de sang. Une scintigraphie cérébrale peut montrer les parties du cerveau qui sont touchées.

La mémoire et la parole sont souvent affectées au début, et il peut se produire des changements de la personnalité peu après l'apparition de la maladie (par exemple de l'irritabilité, un manque de motivation).

Les personnes atteintes de démence vasculaire ont plus souvent conscience qu'elles sont malades que celles qui ont la maladie d'Alzheimer. La principale caractéristique du cerveau des personnes atteintes de démence vasculaire est une irrigation sanguine réduite du cerveau

– souvent de pair avec de petits AVC qu'on détecte sur les scintigraphies cérébrales.

Facteurs de risque de la démence vasculaire

- Le tabagisme.
- Le diabète.
- L'hypertension artérielle.
- L'obésité.

Démence à corps de Lewy
Étude de cas – Rénald

Rénald a 75 ans et il vit seul. Ses problèmes ont commencé il y a trois ans. Son premier symptôme a été de voir des choses qui, quelques secondes plus tard, n'étaient plus là. Il a rapporté qu'il voyait souvent des chats sur une chaise de son salon, mais que les chats s'évanouissaient lorsqu'il regardait de nouveau.

Six mois plus tôt, Rénald avait commencé à ressentir des tremblements de la main gauche et marchait avec difficulté. Son médecin a diagnostiqué un début de maladie de Parkinson.

Lorsque la fille de Rénald est venue lui rendre visite pendant une semaine, elle s'est vite inquiétée. Elle a observé que son père se levait la nuit et restait figé devant la porte d'entrée. Si elle essayait de lui parler, il ne semblait pas se rendre compte de sa présence. De plus, il ne se souvenait de rien le lendemain. Elle a aussi constaté que son père semblait confus à certains moments, puis redevenait normal quelques heures plus tard. Devant l'insistance de sa fille, Rénald a consulté un médecin qui a cette fois diagnostiqué une démence à corps de Lewy.

La démence à corps de Lewy représente 1 cas de démence sur 20. Elle présente plusieurs différences avec la maladie d'Alzheimer et la démence vasculaire. Au début, les personnes atteintes de démence à corps de Lewy manifestent des symptômes de la maladie de Parkinson (tremblements, surtout des mains, raideurs et mobilité réduite), et même des hallucinations, voyant souvent des choses qui ne sont pas là (des animaux ou des personnes, par exemple).

Les troubles de la réflexion et de la mémoire ressemblent à ceux qui se manifestent dans la maladie d'Alzheimer, mais peuvent varier d'heure en heure. Les personnes atteintes de démence à corps de Lewy sont sujettes à tomber et peuvent connaître des nuits sans repos parce qu'elles bougent beaucoup, peut-être pendant leurs rêves.

Caractéristiques
de la démence à corps de Lewy

- C'est la troisième cause de démence en importance.

- Elle est plus courante chez l'homme.

- On observe une confusion intermittente, avec des épisodes où la personne semble normale en apparence (du moins au début de la maladie).

- Elle présente les symptômes de la maladie de Parkinson et des hallucinations visuelles.

- On note un risque de chute accru et une mobilité réduite.

Démence à corps de Lewy

L'examen au microscope des tissus du cerveau d'un patient atteint de démence à corps de Lewy montre une perte de cellules et la présence de structures protéiniques, appelées corps de Lewy, dans les cellules nerveuses restantes.

Coupe microscopique d'une cellule nerveuse

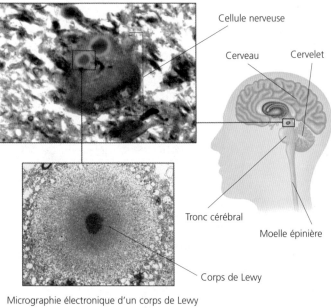

Micrographie électronique d'un corps de Lewy

Les personnes qui ont la maladie de Parkinson depuis plusieurs années sont davantage à risque de développer une démence similaire à la démence à corps de Lewy.

Comme pour les autres formes de démence, le vieillissement semble être un facteur de risque de la démence à corps de Lewy. Le fait d'être un homme et d'avoir des antécédents familiaux de la maladie constituent d'autres facteurs de risque.

On sait peu de choses sur les causes de la démence à corps de Lewy. L'examen au microscope des tissus du cerveau de personnes atteintes de cette forme révèle la présence d'agrégats microscopiques de protéines dans les cellules nerveuses, appelés corps de Lewy. Ces agrégats protéiniques perturbent la fonction normale des cellules nerveuses.

Démence fronto-temporale
Étude de cas – Alain
Alain a 56 ans. Il est divorcé et il vit seul. Auparavant, il était un cadre supérieur prospère d'une agence de publicité. Il y a environ quatre ans, ses collègues ont constaté qu'il prenait des décisions étranges et audacieuses au travail, et ce, de plus en plus souvent.

Certains clients aimaient les suggestions excentriques d'Alain, alors ses collègues de travail ne s'en sont pas préoccupés outre mesure. Toutefois, Alain, qui était fier de sa ponctualité, a commencé à manquer des réunions d'affaires et à arriver en retard au travail. En outre, il s'est mis à jurer et à faire des commentaires inappropriés aux gens, deux comportements qui lui étaient auparavant étrangers.

Lorsqu'Alain a commencé à faire des remarques d'ordre sexuel inappropriées à des collègues de sexe féminin, certains de ses amis ont attribué ce comportement à la « ménopause masculine ». Cependant, l'un de ses amis s'est inquiété et lui a rendu visite chez lui. Il s'est alors aperçu qu'Alain vivait dans un désordre total, au milieu de déchets et de boîtes jamais déballées d'objets qu'il s'était procurés lors d'achats impulsifs.

Alain ne semblait pas s'en faire avec l'état de sa maison et a paru perplexe lorsque son ami lui a fait part de son inquiétude. Au bout du compte, les amis d'Alain l'ont convaincu de consulter un médecin. Les examens ont montré qu'Alain souffrait d'une forme de démence appelée « démence fronto-temporale ».

Environ 1 personne sur 50 souffrant de démence est atteinte de démence fronto-temporale. Les personnes atteintes sont en général plus jeunes que dans le cas des autres formes de démence. De toutes les formes de démence, la démence fronto-temporale est souvent la plus difficile à reconnaître, en général parce qu'elle touche des gens dans la cinquantaine, un âge où on ne soupçonne pas une démence.

La maladie atteint principalement le lobe frontal du cerveau, provoquant des changements de la personnalité, une absence de motivation ainsi que l'apparition de comportements étranges ou sans inhibitions. Les personnes souffrant de cette forme de démence peuvent éprouver des troubles de concentration, développer des rituels obsessionnels et devenir agressives. Parfois, on note une difficulté à trouver le mot juste ou l'apparition d'un langage répétitif ou peu signifiant.

Les régions du cerveau associées à la mémoire sont atteintes assez tard dans l'évolution de la maladie, de sorte que la mémoire semble intacte au début. Les symptômes de la démence fronto-temporale sont subtils au départ et peuvent évoluer très lentement. Dans certains cas, on les attribue à « la crise de la cinquantaine » ou à « la ménopause ».

Le diagnostic de la démence fronto-temporale requiert habituellement une scintigraphie cérébrale, laquelle peut montrer un amincissement (une atrophie) majeur du lobe frontal, tandis que les autres régions du cerveau semblent intactes. Des tests cognitifs peuvent révéler des difficultés dans des tâches associées au lobe frontal telles la concentration ou la réaction à des modes d'information variables.

Dans certains cas, la démence fronto-temporale est transmise génétiquement – près de la moitié des gens atteints ont des antécédents familiaux. On ne connaît pas les causes de la maladie non transmise génétiquement.

Démence associée à l'alcool

Il semble que la consommation d'une faible quantité d'alcool chaque jour, soit une unité (mesure de bar), réduise les risques de développer la démence. En revanche, une grande consommation d'alcool (plusieurs unités par jour) peut avoir l'effet contraire et accroître les risques d'en être atteint.

Le syndrome de Korsakoff est un ensemble de symptômes associés à une consommation importante d'alcool sur une période prolongée. Il se manifeste soudainement, souvent à la suite d'une période de confusion aigüe. Les personnes atteintes sont incapables de fabriquer de nouveaux souvenirs, bien qu'elles se souviennent d'événements survenus longtemps avant l'apparition de la maladie.

Il en résulte une forme d'amnésie très débilitante, toutefois non accompagnée des autres symptômes de la démence (notamment des troubles du langage et de la réflexion ou des changements de personnalité) décrits dans cet ouvrage. On estime que le syndrome de Korsakoff est dû à une carence en thiamine, une vita - mine. Une région bien précise du cerveau (les corps mamillaires) est endommagée, et le reste du cerveau semble intact sur la scintigraphie cérébrale.

Outre le syndrome de Korsakoff, une consommation importante d'alcool sur une longue période peut aussi entraîner une démence présentant des symptômes similaires à ceux de la maladie d'Alzheimer. Des experts estiment que 10 % des cas de démence ont un lien avec l'alcool.

Formes de démence plus rares

Il existe un très grand nombre de causes plus rares de démence. Nous en décrivons quelques-unes ci-dessous.

Démence associée à la maladie de Parkinson

Similaire à la démence à corps de Lewy, cette forme de démence survient plusieurs années après l'apparition de la maladie de Parkinson. Une personne atteinte de la maladie de Parkinson sur quatre va développer une démence. Les victimes présentent moins de troubles de la mémoire, mais une apathie accrue et des troubles de planification, en comparaison des personnes atteintes de la maladie d'Alzheimer (voir l'ouvrage de la série intitulé *Comprendre la maladie de Parkinson*).

Maladie de Huntington

Ce trouble héréditaire se manifeste habituellement entre 30 et 50 ans. Les personnes atteintes développent en général des troubles moteurs et ont de la difficulté à contrôler leurs membres. L'anxiété et la dépression sont courantes. Cette forme de démence comporte habituellement des symptômes liés au lobe frontal (troubles de planification et de réflexion, changements de personnalité) plutôt qu'une perte de mémoire.

Maladie de Creutzfeldt-Jakob (MCJ)

La maladie de Creutzfeldt-Jakob est plutôt rare. On recense environ 50 nouveaux cas chaque année au Royaume-Uni. Il existe de nombreuses formes de cette maladie, qui touche surtout les personnes âgées.

La MCJ est causée par la protéine prion, bien qu'elle se développe parfois plusieurs décennies après l'infection. On ne connaît pas bien les facteurs de risque de cette maladie, mais l'hérédité semble jouer un rôle dans certains cas. La démence évolue rapidement, souvent accompagnée de cécité et de troubles moteurs. La mort survient fréquemment moins d'un an après l'apparition de la maladie.

La variante de la MCJ (vMCJ) est plus rare que la MCJ et touche des sujets beaucoup plus jeunes, dans la vingtaine et la trentaine. Cette variante peut être liée à l'encéphalopathie spongiforme bovine (ESB), communément appelée « maladie de la vache folle ». La grande majorité des cas diagnostiqués dans le monde l'ont été au Royaume-Uni. Les personnes concernées développent une dépression ou de l'anxiété ainsi que des problèmes de sensation et de douleur bien avant l'apparition des symptômes de démence.

Démence liée au VIH

Environ 10 % des personnes atteintes du sida développeront une démence, souvent tard dans la maladie. Les caractéristiques principales incluent un ralentissement des fonctions mentales et une perte graduelle de la mémoire.

Paralysie supranucléaire progressive ou syndrome de Steele-Richardson-Olszewski

Cette maladie se caractérise par des dommages aux nerfs responsables du mouvement et de l'équilibre, causant une perte de la coordination, des troubles de l'élocution et des chutes. Des changements de personnalité peuvent aussi survenir. La démence apparaît en général après la manifestation de ces autres symptômes.

Maladies similaires à la démence
Étude de cas – Anne

Anne a 74 ans. Après le décès de son mari l'an dernier, sa mémoire s'est mise à se dégrader graduellement. Anne a abandonné ses parties de bridge au club local parce qu'elle n'arrivait plus à se concentrer. Puis, un jour, elle a oublié qu'elle était responsable de préparer le thé lors d'une rencontre de l'association féminine locale, ce qui fut très embarrassant.

Après, les choses n'ont fait qu'empirer. Anne n'avait plus d'énergie, même pour les petits gestes quotidiens comme étendre la lessive sur la corde à linge. Au fil du temps, elle a passé de plus en plus d'heures à ne rien faire, assise dans son fauteuil. Elle perdait le fil des intrigues des livres qu'elle lisait et n'avait plus d'intérêt pour la télévision.

Le médecin a d'abord cru à une dépression, mais Anne l'a contredit; elle ne se sentait pas triste et ne pleurait pas. Elle redoutait plutôt être atteinte de la maladie d'Alzheimer, ayant vu cette dernière se développer chez une amie quelques années plus tôt.

Cependant, après quelques traitements contre la dépression, Anne a retrouvé son énergie et sa concentration, et sa mémoire s'est améliorée. Trois mois plus tard, elle avait repris ses parties de bridge et la préparation du thé pour l'association féminine.

Il y a un grand nombre de maladies qui entraînent une perte de mémoire graduelle et de la confusion rappelant la démence. Il est possible d'en traiter certaines. Voilà l'une des raisons pour lesquelles il est si important qu'une personne éprouvant des symptômes tels qu'une perte de mémoire ou un changement de la personnalité subisse un examen médical complet.

Maladies qui se présentent comme la démence

- La dépression.
- Une glande thyroïde lente (glande située à la base du cou qui régularise le métabolisme).
- La maladie de Parkinson.
- L'état confusionnel aigu (delirium).
- Des carences en certaines vitamines, par exemple la vitamine B_{12}.
- Certaines infections, comme la syphilis.
- Dans de rares cas, une tumeur au cerveau.

Dépression
Une personne sur trois souffrira de dépression au cours de sa vie. On confond souvent la dépression avec la démence chez les personnes âgées parce qu'elle présente beaucoup de symptômes semblables.

Les personnes dépressives affirment se sentir mélancoliques ou déprimées, manquer d'énergie et ne plus ressentir de plaisir. Dans bon nombre de cas, rien n'arrive à les réjouir.

Les autres symptômes incluent des troubles du sommeil (surtout un réveil prématuré), une perte de l'appétit, une faible concentration et une mauvaise mémoire. Ces symptômes sont aussi fréquents dans les cas de démence. Une complication supplémentaire vient s'ajouter du fait que les gens atteints de démence sont plus sujets à la dépression. La moitié des gens atteints de démence souffrent également de dépression.

Voici quelques facteurs pouvant signaler qu'on est en présence d'une dépression plutôt que d'une démence :

- ne pas être en forme le matin (en général, les personnes atteintes de démence ont tendance à être plus joviales le matin);

- éprouver de la culpabilité, se sentir inutile et avoir des pensées suicidaires;

- avoir le moral à zéro, et ce, pendant des mois.

Glande thyroïde lente

Cette maladie est aussi appelée « hypothyroïdie ». Elle peut se développer graduellement et est difficile à dé-celer. Les personnes atteintes d'hypothyroïdie ont toujours froid, leur peau devient sèche et rugueuse, et elles se sentent souvent fatiguées et « au ralenti ». Une analyse sanguine permet de confirmer le diagnostic.

Maladie de Parkinson

Ce trouble est plutôt répandu chez les personnes âgées. Les personnes atteintes de la maladie peuvent constater un tremblement qui se manifeste d'abord dans une main, plus évident au repos, ainsi que des raideurs dans les bras et les jambes. Elles ont moins d'expressions faciales et peuvent avoir de la difficulté à marcher.

État confusionnel aigu ou delirium

Il arrive que des gens deviennent confus en quelques heures, voire quelques jours. Il ne s'agit pas ici de démence, mais de ce que les médecins appellent « état confusionnel aigu » ou « delirium ».

L'une des grandes différences est l'apparition très soudaine de l'état confusionnel aigu. Les personnes touchées peuvent être somnolentes.

Leur humeur peut changer rapidement. Par exemple, elles peuvent sembler tout à fait calmes puis soudainement présenter de la détresse, de l'agitation ou de l'agressivité. Elles ont souvent des hallucinations, c'est-à-dire qu'elles voient des choses qui ne sont pas là. Leur comportement semble plus perturbé la nuit.

Bon nombre de facteurs peuvent être à l'origine d'un delirium, notamment une infection des voies respiratoires ou des voies urinaires, le diabète, des médicaments sous ordonnance, l'alcool ou un AVC. Il faut consulter un médecin ou se rendre à l'hôpital sans tarder lorsqu'une personne présente un état confusionnel aigu.

POINTS CLÉS

- La démence est une maladie; elle n'est pas causée par le vieillissement normal.

- La forme la plus courante de démence est la maladie d'Alzheimer, bien qu'il y ait plusieurs autres causes.

- Beaucoup de maladies ressemblent à la démence; toute personne qui semble manifester des symptômes confusionnels doit consulter un médecin.

Symptômes de la démence

Début de la démence

La démence peut commencer de manière subtile; lorsque les personnes atteintes ou les membres de leur famille repensent à leurs premiers symptômes, il leur est souvent difficile de les situer précisément dans le temps.

Parfois, les gens remarquent d'abord un problème dans des situations où les habitudes de la personne atteinte de démence ont changé, par exemple lors de vacances ou d'une maladie. Le décès du conjoint peut aussi révéler la démence chez le survivant. Le deuil ne provoque pas la démence, mais peut la mettre en lumière si le conjoint décédé était le donneur de soins.

On estime que seulement 1 personne atteinte de démence sur 3 consulte un médecin et est diagnostiquée comme telle. Parmi celles qui le font, il s'écoule souvent de deux à trois ans entre l'apparition des symptômes et la première consultation.

Cet intervalle est beaucoup trop long. Nous recommandons d'obtenir une opinion médicale le plus tôt possible si vous croyez qu'une personne de votre entourage ou vous-même développez une démence.

Un diagnostic exact de démence élimine la possibilité

d'un état pathologique qui se présente comme la démence, par exemple la dépression.

Il permet en outre aux personnes atteintes et à leurs donneurs de soins de mieux se préparer pour l'avenir, par exemple en signant une délégation de pouvoir. De plus, les personnes ont ainsi un accès précoce à des traitements ainsi qu'à des conseils sur la gestion de la maladie.

Évolution de la démence

La démence est une maladie évolutive qui affecte les gens de différentes façons. La raison en est que les symptômes et la façon dont ils se développent dépendent de la personnalité de chacun, de son mode de vie, de la qualité de ses relations ainsi que de son état mental et physique.

Les symptômes varient selon les formes de démence, mais ils présentent de grandes similitudes. Les plus courants sont la perte de mémoire et des capacités pratiques, entraînant une perte d'autonomie de même que des modifications dans les relations sociales.

La durée de la maladie est variable. Certaines personnes vivent 20 ans avec la maladie, parfois moins. Au bout du compte, beaucoup de personnes atteintes de démence meurent d'une cause autre que la démence, par exemple d'une crise cardiaque ou d'une infection.

Au cours des dernières années, l'amélioration des soins et une meilleure compréhension de la maladie ont mené pour les personnes atteintes à une meilleure espérance de vie ainsi qu'à une meilleure qualité de vie.

Bien que la démence évolue à des rythmes différents chez chacun, il demeure utile de décrire la maladie à ses débuts, pendant sa progression, puis en phase avancée. Il ne s'agit toutefois que d'indications générales.

Personne n'aura tous les symptômes énumérés, mais le fait de les connaître pourra aider les gens atteints de démence et leurs donneurs de soins à mieux comprendre la maladie, à savoir à quoi s'attendre et à se préparer pour l'avenir.

Stade précoce de la maladie
Étude de cas – Richard

Avec le recul, Richard et Blanche constatent que les indices ont été nombreux au fil des ans. Richard avait perdu tout intérêt pour le jardinage, son passe-temps favori; il semblait parfois fuyant; il avait arrêté de faire ses mots croisés. La première chose qu'ils ont observée a été la difficulté qu'avait Richard à soutenir une conversation téléphonique. Tout allait bien si c'était lui qui faisait l'appel, mais il devenait confus lorsque quelqu'un lui téléphonait.

Le début de la démence est généralement si graduel qu'il est difficile de savoir exactement quand elle a commencé. On accorde habituellement peu d'importance à cette période, et c'est seulement lorsqu'on aide les gens à faire un retour en arrière qu'ils s'aperçoivent qu'il y avait bel et bien des symptômes, mais qu'ils ne les ont pas reconnus comme tels ou les ont mis sur le compte du vieillissement.

« Ç'a été un tel choc. Avec le recul, je me rends compte qu'il se comportait de manière étrange, mais je n'aurais jamais cru qu'il souffrait de la maladie d'Alzheimer. »

Au stade précoce, la personne atteinte peut :

- avoir des trous de mémoire, surtout concernant des événements récents;

- perdre la notion du temps, par exemple oublier de se présenter à des rendez-vous ou de payer ses factures;

- manifester une perte d'intérêt et des difficultés de concentration;

- perdre sa motivation;

  « Il était si fier de son jardin. En un peu moins d'un an, le jardin est redevenu à l'état sauvage. »

- se replier sur soi;

- éprouver des troubles du langage et de la difficulté à trouver les mots justes;

- se comporter étrangement;

  « Quelques-uns des premiers signes de la maladie se sont manifestés au golf. Richard s'est mis à enfreindre les règles du jeu, et ses amis n'ont plus voulu jouer avec lui. »

- avoir de la difficulté à prendre des décisions;

- devenir moins proche de la famille ou des amis;

  « Richard a changé, il n'était plus lui-même. Il parlait peu et était rarement joyeux. Au début, je croyais qu'il faisait une dépression. »

- ne plus être « elle-même »;

- avoir des sautes d'humeur et se montrer déprimée ou irritable.

« Avant le diagnostic, je me préoccupais de mes troubles de mémoire, de léthargie et de dépression. Au début, je n'en ai pas parlé à mon épouse; je considérais que tout était de ma faute et que je devais accepter ce qui m'arrivait. »

Stade moyen

À ce stade, il est évident que la personne souffre de démence, et que la maladie perturbe sa vie de tous les jours et réduit son autonomie. On peut alors constater des changements dans le comportement, voire de la frustration et un manque de compréhension tant chez la personne atteinte de démence que chez le donneur de soins.

Au stade moyen, la personne atteinte peut :

- oublier plus de choses; elle peut oublier le nom des membres de la famille et des amis proches, ou encore des événements récents, et ces oublis donnent souvent lieu à la répétition des mêmes questions;

- errer à l'extérieur de la maison et se perdre;

- devenir incapable de distinguer le jour et la nuit, et souffrir de troubles du sommeil;

- avoir de la difficulté à comprendre ce qu'on lui dit;

- avoir des troubles du langage qui vont en s'aggravant;

- avoir de la difficulté à exécuter les tâches ménagères, comme le ménage et la cuisine;

- avoir besoin d'aide pour se vêtir, se laver ou se souvenir d'aller à la toilette;

- égarer des objets et accuser les autres de les avoir pris;

- devenir agressive;

- avoir des hallucinations.

Stade avancé

À ce stade, la personne touchée a de graves troubles de la mémoire et devient entièrement dépendante des autres pour prendre soin d'elle. La personne peut :

- avoir beaucoup de difficulté à communiquer;

- ne pas reconnaître les membres de sa famille ou ses amis, ou en reconnaître très peu;

- ne pas comprendre ce qu'on lui dit ou ce qui se passe autour d'elle;

- avoir besoin d'aide pour manger;

- souffrir d'incontinence d'urine et anale;

- avoir de la difficulté à marcher;

- avoir de la difficulté à avaler;

- être confinée à un fauteuil roulant ou à son lit.

Ce stade de la maladie peut durer des mois ou des années selon l'état de santé de la personne et la qualité des soins qu'elle reçoit. Une infection, un AVC ou une crise cardiaque peuvent causer le décès.

Stade final

À ce stade, la personne est incapable de parler ou de se déplacer. Elle a besoin de soins constants, y compris pour manger et pour boire.

Il arrive aussi que la personne ait du mal à avaler. Elle peut avoir encore conscience de son environnement ou des personnes qui l'entourent. On sait peu de choses sur le niveau de cognition des patients au stade final. Il est toutefois certain que la personne ressent toujours de la douleur (notamment un mal de dents ou la constipation, par exemple) ou de l'inconfort si elle a faim ou soif.

Dans le passé, certains médecins ont traité des patients atteints de démence différemment du fait qu'ils souffraient de la maladie. Cette attitude est tout à fait inappropriée; car ces malades ont les mêmes droits à des traitements ou à des soins spécialisés que tout autre citoyen.

Il importe que la personne accepte le fait qu'elle va mourir de démence et qu'elle se prépare en conséquence. Si vous êtes atteint de la maladie, il peut être utile de déterminer au préalable les traitements que vous souhaitez recevoir, ou non, au stade final.

Il est recommandé de mettre vos réflexions et vos souhaits par écrit, par exemple dans une directive préalable. De même, il est utile de nommer un mandataire de l'aide sociale qui prendra des décisions en votre nom lorsque vous ne serez plus en mesure de le faire.

Entre autres, vous pouvez mentionner l'endroit où vous souhaitez mourir (à la maison ou à l'hôpital) ainsi que votre acceptation ou votre refus d'une réanimation en cas d'arrêt cardiaque.

Les médecins sont tenus de respecter les directives préalables, par exemple si vous refusez un certain traitement. En revanche, vous ne pouvez pas les obliger à vous traiter si cela va à l'encontre de leur éthique professionnelle. Vous pouvez par exemple indiquer que vous ne voulez pas recevoir d'antibiotiques dans le cas d'une infection des voies respiratoires, mais vous ne pouvez pas exiger qu'on hâte votre mort en vous administrant de la morphine.

Diagnostic de démence

Pour obtenir un diagnostic de démence et recevoir de l'aide, il faut d'abord et avant tout en reconnaître les symptômes. Si l'un de vos proches ou vous-même êtes préoccupés par des périodes de déprime, des oublis ou n'importe lequel des symptômes décrits précédemment, consulter un médecin est la première chose à faire.

Un diagnostic précoce et précis a plusieurs avantages :

- il permet d'expliquer à la personne malade les symptômes et les comportements étranges, et il outille la personne atteinte de démence et son donneur de soins pour qu'ils réagissent adéquatement à la maladie et sachent à quoi s'attendre;

  « Je suis content de savoir ce que j'ai, même si je ne comprends pas toujours ce qui m'arrive. Au moins, je sais qu'on m'aime et que j'ai des amis. Je vous en prie, ne m'abandonnez pas. »

  « Le diagnostic a éliminé bon nombre des craintes qui me tenaillaient lorsque je ne savais pas de quoi ma mère souffrait. Il m'a permis de mieux soigner ma mère. »

- il permet aux personnes atteintes de comprendre ce qui leur arrive et de garder le contrôle de leur vie. Par exemple, elles peuvent choisir leurs traitements, rédiger leur testament, prendre des vacances, visiter des parents éloignés, organiser leurs finances et désigner un mandataire de l'aide sociale;

- il est possible d'avoir accès à des services de soutien appropriés et à de l'aide financière afin de mieux planifier l'avenir;

  « Le diagnostic nous a aidés tous les deux à planifier les soins dont ma femme aura besoin. Il m'a également préparé à mieux la défendre lorsqu'elle ne sera plus en mesure de prendre des décisions. »

- il permet de mieux gérer d'autres problèmes qui peuvent conduire à la perte de mémoire, notamment la dépression;

- chez certaines personnes atteintes de démence, et on ne peut pas savoir à l'avance lesquelles, les médicaments peuvent ralentir l'évolution de la maladie. Bien sûr, tant qu'il n'y a pas de diagnostic, un tel résultat est impossible à obtenir.

Comment on diagnostique la démence

Il n'y a pas de test unique qui permette de diagnostiquer la démence. Pour y arriver, il faut tenir compte du témoignage de la personne aux prises avec le problème et plus encore de celui d'un parent proche ou d'un ami.

Consultation médicale

La première étape pour obtenir un diagnostic est de consulter un médecin, et cela exige souvent du courage. Souvent, les personnes atteintes ne perçoivent pas leurs problèmes, et il est fréquemment nécessaire qu'une autre personne les accompagne chez le médecin.

Si une personne à risque refuse de voir un médecin, vous pouvez choisir de parler vous-même au médecin. Il vous posera des questions au sujet de la mémoire de la personne et des difficultés qu'elle éprouve dans ses tâches quotidiennes. Il pourra prévoir certains tests, mais il peut être préférable de rediriger la personne vers un spécialiste de la région.

Spécialistes

Habituellement, les personnes qu'on soupçonne d'être atteintes de démence sont redirigées vers :

- un psychiatre gériatrique (un médecin spécialisé dans les troubles mentaux des personnes âgées);

- un neurologue (un spécialiste des maladies du système nerveux);

- un gériatre (un spécialiste des maladies des personnes âgées.

Le type de spécialiste retenu dépendra de l'âge de la personne, des symptômes qu'elle présente et des services offerts dans sa région. À l'occasion, il est nécessaire de consulter plusieurs spécialistes; par exemple, un neurologue peut demander un deuxième avis à un psychiatre gériatrique en présence de symptômes comme de la dépression.

Le spécialiste peut rencontrer la personne dans une clinique spécialisée en troubles de la mémoire, en consultation externe dans un hôpital ou à domicile. Les psychiatres gériatriques en particulier se rendent souvent à domicile pour la première consultation. Non seulement est-ce plus pratique pour le patient, mais cela permet également au médecin d'évaluer le milieu de vie de la personne et la façon dont elle s'organise.

Même si le médecin souhaitera certainement discuter de la situation de la personne avec un proche parent ou un ami, il voudra d'abord rencontrer la personne seul à seul.

Il est préférable d'arriver à la consultation médicale bien préparé, muni de questions à poser, d'une liste de symptômes et d'information sur le moment où ils sont apparus. L'évaluation peut durer une journée ou s'étendre sur plusieurs semaines.

Le médecin vous questionnera sur les sujets suivants :

- les symptômes, surtout le moment où ils ont d'abord été observés, puis leur évolution;

- l'incidence des symptômes sur la vie de la personne et ses activités quotidiennes;

- l'histoire de la personne, y compris ses antécédents médicaux et les médicaments qu'elle prend;

- une description de la personnalité normale de la personne;

Un diagnostic précoce et précis est d'une grande utilité.
La première étape pour obtenir un diagnostic
est de consulter un médecin.

- l'histoire de la famille;

- la façon dont la personne perçoit ses symptômes.

Le médecin devrait dresser un profil de la personne, soit son histoire de vie, afin de pouvoir saisir les difficultés de la personne en contexte.

L'évaluation devrait comprendre un examen médical physique visant à vérifier le fonctionnement du cœur et des poumons, à détecter des signes de maladies neurologiques telles que la maladie de Parkinson ou un AVC, et à évaluer les risques de chute.

Il y a lieu de procéder à une évaluation psychologique afin de déceler tout signe de dépression, d'anxiété et de psychose (par exemple des hallucinations).

Mini-examen de l'état mental (MMSE)

Il est d'usage de procéder à un test de mémoire simple, le plus courant étant le mini-examen de l'état mental (MMSE). Il ne dure que 10 minutes environ. Le médecin pose plusieurs questions, y compris sur la date du jour et l'endroit où se trouve actuellement la personne. Une partie du test évalue la compréhension, la concentration et la mémoire de la personne. La personne doit aussi répéter une phrase, copier un diagramme et écrire une phrase.

Le MMSE donne un pointage sur 30. Les personnes atteintes de démence obtiennent souvent un score inférieur à 24, bien que certaines gens puissent avoir plus de 24 points et tout de même souffrir de démence. À mesure que la démence évolue, les résultats au MMSE se détériorent. Un score inférieur à 10 indique une démence plutôt grave.

Le médecin peut aussi réaliser d'autres tests en demandant à la personne par exemple à nommer des animaux ou à estimer la hauteur d'objets. Dans de nombreux cas, il peut commander un test de mémoire et de cognition plus détaillé (de neuropsychométrie), habituellement administré par un psychologue (un spécialiste des processus mentaux comme la mémoire). De tels tests durent environ une heure et permettent de dresser un profil détaillé des changements dans les fonctions cérébrales. Ils aident à déterminer les parties du cerveau qui sont les plus touchées. Ils permettent d'évaluer s'il y a un déclin comparativement au niveau où la personne atteinte devrait se situer.

Ergothérapeute

Un ergothérapeute peut être appelé à participer à l'évaluation, à la maison ou dans un local spécialisé à l'hôpital. Il évalue les capacités en lien avec les activités quotidiennes et détermine si la personne a besoin de soutien ou d'aides techniques. L'ergothérapeute peut aussi évaluer le milieu de vie de la personne et définir les changements au mode de vie ou l'équipement qui peuvent contribuer à maintenir l'autonomie du patient tout en réduisant les risques.

L'évaluation devrait établir les risques possibles (par exemple trébucher dans l'escalier ou s'égarer), et déterminer si la personne mange bien et peut préparer ses repas. Un coup d'œil dans le réfrigérateur d'une personne atteinte de démence peut être très révélateur !

Travailleur social

Un travailleur social peut aussi jouer un rôle dans l'évaluation. Les travailleurs sociaux peuvent évaluer l'aide pratique dont une personne a besoin et entreprendre des démarches pour l'obtenir. Les personnes atteintes de démence peuvent être exploitées financièrement; elles ont besoin de quelqu'un pour s'occuper de leurs finances, soit une personne désignée, soit un organisme de protection du citoyen. Le travailleur social peut s'occuper de répondre à ce besoin.

Autres examens

Beaucoup de personnes que l'on croit atteintes de démence devront subir d'autres examens à la demande du spécialiste, entre autres :

- une scintigraphie cérébrale effectuée par tomographie par ordinateur;

- une imagerie par résonance magnétique (IRM);

- une tomographie par émission de positons (TEP).

Imagerie par résonance magnétique (IRM)

L'imagerie par résonance magnétique (IRM) fait appel à des aimants puissants qui alignent les atomes dans la partie de l'organisme étudiée. Des pulsions radioactives brisent cet alignement, ce qui entraîne une émission de signaux par les atomes. Ces signaux sont mesurés et servent à constituer une image détaillée des tissus et des organes.

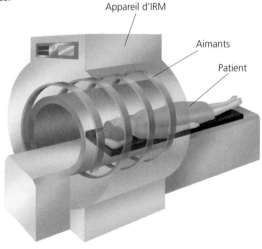

Appareil d'IRM

Aimants

Patient

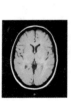

Image par résonance magnétique

Tomographie par ordinateur

La tomographie par ordinateur émet des rayons X qui passent à travers le cerveau à différents angles. Des récepteurs captent les rayons X et un ordinateur analyse l'information afin de produire une image du cerveau.

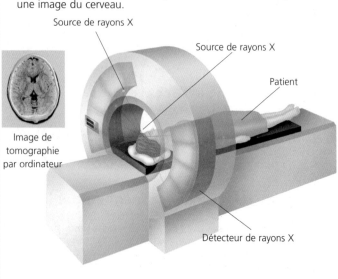

Source de rayons X

Source de rayons X

Patient

Image de tomographie par ordinateur

Détecteur de rayons X

Ces techniques fournissent des images détaillées du cerveau et peuvent montrer les parties lésées ou atrophiées, par exemple des suites d'un AVC. Dans tous les cas, la personne doit s'allonger sur un petit chariot qui se déplace dans l'appareil.

L'IRM fait appel à de fortes impulsions magnétiques qui permettent de visualiser la structure du cerveau et peuvent produire des images très détaillées. L'IRM dure environ 30 minutes. Il est important de rester immobile. La personne peut se sentir coincée. En outre, l'appareil est bruyant.

Pour sa part, la tomographie par ordinateur produit des images du cerveau à partir de petites doses de rayons X. Bien que les images ne soient pas aussi détaillées que celles de l'IRM, elles sont d'une grande utilité. Il suffit de quelques minutes pour réaliser une scintigraphie cérébrale.

Tomographie par émission de positons (TEP)

Un radionucléide est d'abord injecté dans l'organisme, qui le transporte jusqu'aux cellules nerveuses du cerveau. La TEP détecte les émissions et un ordinateur permet de construire une image du fonctionnement.

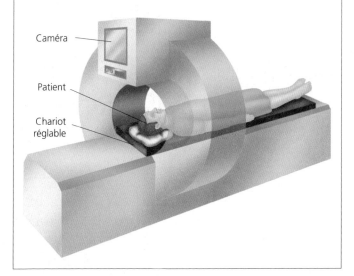

Caméra

Patient

Chariot réglable

La tomographie par émission de positons consiste en l'injection dans une veine d'une infime quantité d'une substance radioactive, puis en la construction d'une image du fonctionnement du cerveau. Les tomographies par émission de positons sont moins courantes que les IRM ou les scintigraphies cérébrales, mais peuvent s'avérer utiles lorsqu'on n'arrive pas à poser un diagnostic.

Électroencéphalogramme (EEG)

En appliquant des électrodes sur le cuir chevelu d'une personne, le médecin peut surveiller l'activité électrique du cerveau à l'aide d'un appareil d'électroencéphalographie. Les ondes cérébrales du patient s'affichent à l'écran.

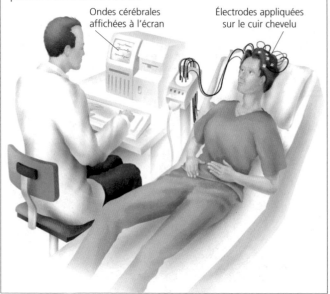

Ondes cérébrales affichées à l'écran

Électrodes appliquées sur le cuir chevelu

Il faut parfois des semaines pour recevoir les résultats de ces tests. Le médecin fera sûrement des prélèvements sanguins afin de vérifier la présence d'anémie, la présence d'inflammation, les taux de vitamines dans l'organisme, la santé de la thyroïde ainsi que le fonctionnement des reins et du foie. Ces résultats sont habituellement prêts en quelques jours.

Parmi les autres tests possibles, il y a l'électroencéphalogramme (EEG). La personne a alors sur la tête un casque semblable à un bonnet de bain duquel sortent des fils et des électrodes. Les EEG aident parfois à détecter certaines formes de démence, mais les médecins y ont rarement recours.

Analyse des résultats des tests

Une fois ces tests réalisés, le spécialiste rencontre le patient afin de lui communiquer son diagnostic. La présence d'un membre de la famille ou d'un ami est fortement suggérée.

En général, le médecin demande au patient s'il souhaite entendre son diagnostic. Si la personne accepte, le médecin le lui explique de façon claire et simple. Le moment est bien choisi pour discuter des traitements, du type d'assistance qui pourrait s'avérer nécessaire ainsi que du soutien disponible sur les plans pratique, émotionnel et financier. Il est aussi opportun de planifier l'avenir, par exemple en mettant ses volontés par écrit.

Il peut être difficile d'absorber tous les détails en une seule consultation. Il est bon de prévoir un rendez-vous de suivi avec un conseiller ou le médecin.

POINTS CLÉS

■ Obtenir un diagnostic est le premier pas à faire pour recevoir de l'aide et du soutien.

■ Toutes les personnes atteintes de démence devraient avoir la possibilité d'entendre le diagnostic du médecin.

■ L'évaluation devrait inclure un examen physique, une analyse psychologique et la prise en compte des facteurs sociaux.

■ Près des deux tiers des personnes atteintes de démence ne subissent pas d'évaluation adéquate ou ne reçoivent pas de diagnostic.

Traitements de la démence

Peut-on traiter la démence ?

Il importe de préciser que l'essentiel des soins associés à la démence ne repose pas sur la médication. De l'aide sur les plans pratique et émotionnel, la défense des personnes atteintes ainsi que la transmission d'information aux personnes de même qu'à leurs proches et à leurs donneurs de soins constituent une très grande partie du traitement de la maladie.

Beaucoup de gens croient que la démence ne se traite pas. Il est vrai qu'on ne peut pas guérir la maladie, mais il existe bien des façons d'aider les personnes atteintes. C'est l'objet du présent chapitre et du suivant.

Étude de cas – Jeanne

Mon nom est Jeanne et ma mémoire s'affaiblit depuis trois ans. Au début, je me disais que je vieillissais, mais lorsque j'ai commencé à perdre le fil des conversations ou à m'égarer en revenant des commerces du quartier, j'ai discuté avec mon mari et nous avons décidé d'obtenir de l'aide. Nous avons consulté notre omnipraticien, qui m'a redirigée vers l'hôpital local.

Lorsque les tests ont confirmé que je souffrais probablement de la maladie d'Alzheimer, le conseiller m'a prescrit un médicament contre la démence. Après trois mois, je me sentais plus alerte pour parler avec mon mari et j'étais en mesure d'aller au magasin toute seule.

Le présent chapitre décrit les traitements actuels de la démence, y compris les traitements de la mémoire et des troubles du comportement.

Prévention de la démence

Très peu d'études ont été faites sur les façons de prévenir la démence. Il est cependant possible d'associer certaines caractéristiques à un risque accru de développer la maladie, notamment :

- le vieillissement;

- les antécédents de démence dans la famille;

- les blessures à la tête;

- la dépression;

- une consommation excessive d'alcool.

Les facteurs de risque des maladies du cœur, comme l'hypertension artérielle, le diabète, le tabagisme, l'obésité et le manque d'exercice, semblent également contribuer à accroître les risques de démence.

Mis à part le vieillissement et les antécédents importants dans la famille, aucun des symptômes précités ne présente un fort lien avec la démence. Les scientifiques ne s'entendent pas toujours sur les risques qui sont les plus importants.

Selon certains, le fait de prendre de l'aspirine, des antioxydants comme la vitamine E ou des statines (médicaments contre le cholestérol) peut réduire le risque de développer la démence. Cependant, cela reste à confirmer par de nouvelles études.

Les personnes qui se tiennent l'esprit occupé seraient également davantage à l'abri de la démence. La lecture, les passe-temps comme le bridge ou les échecs, les mots croisés et autres jeux du même genre sont des activités qui aident à réduire le risque.

Voici quelques bons conseils :

- faire de l'activité physique de façon régulière;

- solliciter le cerveau de façon régulière;

- manger sainement;

- boire de l'alcool avec modération;

- éviter de fumer;

- consulter le médecin régulièrement afin de vérifier la présence de diabète ou d'hypertension artérielle.

Traiter la démence

Deux ensembles de symptômes de la démence peuvent requérir un traitement. En premier lieu, il y a le traitement des symptômes d'ordre cognitif comme la perte de mémoire, les troubles de la réflexion et la confusion.

Ensuite, il faut traiter les symptômes comportementaux et psychologiques de la démence, soit la dépression, l'anxiété, les hallucinations de même que les comportements agressifs et colériques qui tendent à se manifester plus tard dans la maladie.

Les médias rapportent souvent la découverte de nouveaux traitements de la démence en exagérant leur importance; ces annonces font grandir les attentes des gens, mais sont rarement suivies de résultats probants.

Traitement de la perte de mémoire et d'autres symptômes cognitifs

Jusqu'à il y a environ 15 ans, il n'existait aucun médicament utile contre les symptômes cognitifs de la démence. Aujourd'hui, cependant, le traitement de la perte de mémoire associée à la maladie d'Alzheimer repose essentiellement sur un groupe de médicaments, les inhibiteurs de la cholinestérase.

Trois médicaments s'adressent actuellement à cette catégorie :

1. le donépézil (Aricept);

2. la rivastigmine (Exelon);

3. la galantamine (Reminyl).

Ces médicaments ont tous pour effet d'augmenter le taux d'un neurotransmetteur chimique du cerveau appelé « acétylcholine » (ACh). Ils reposent sur le principe que l'augmentation de l'acétylcholine aide les cellules nerveuses impliquées dans la mémoire à communiquer les unes avec les autres.

Certaines personnes montrent une nette amélioration de leur mémoire et de leur processus cognitifs grâce à ces médicaments, tandis que d'autres n'en tirent aucun bienfait. Il est malheureusement impossible de savoir à l'avance chez qui ces médicaments fonctionneront. Il faut en faire l'essai pour le déterminer.

Ces médicaments se prennent sur une base quotidienne et il faut quelques semaines pour en observer

Fonctionnement des inhibiteurs de la cholinestérase

Les inhibiteurs de la cholinestérase bloquent l'action d'une enzyme du cerveau qui détruit le neurotransmetteur acétylcholine.

1. Transmission du message
Le message est acheminé le long des axones jusqu'au bouton synaptique.
Le neurotransmetteur traverse la synapse.
Les cellules réceptrices sont activées.
Le message est transmis.

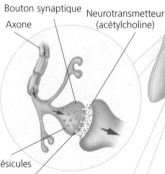

Bouton synaptique Neurotransmetteur
Axone   (acétylcholine)

Vésicules
Synapse

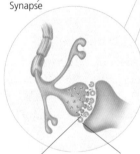

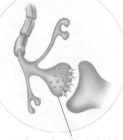

Réabsorption de   Enzyme de   Absorption d'acétylcholine
l'acétylcholine   cholinestérase   supplémentaire

2. Après la transmission du message
L'acétylcholine est soit réabsorbée dans le bouton synaptique, soit détruite par l'enzyme cholinestérase dans la synapse.

3. En présence d'inhibiteurs de la cholinestérase
Les inhibiteurs de la cholinestérase empêchent l'enzyme cholinestérase de dégrader l'acétylcholine, augmentant à la fois le taux et la durée d'action du neurotransmetteur acétylcholine.

les effets. Si l'un d'entre eux s'avère inefficace, il est probablement inutile d'essayer les autres. En revanche, une personne peut ressentir moins d'effets indésirables avec l'un ou l'autre des médicaments.

Un spécialiste doit faire la première prescription de ces médicaments. Il voudra probablement réaliser certains tests comme un électrocardiogramme (ECG) au préalable.

Ces médicaments peuvent entraîner des effets indésirables, bien que beaucoup de gens les tolèrent bien. Parmi les principaux effets secondaires figurent la nausée, la diarrhée et des douleurs abdominales. Chez bon nombre de patients, ces effets disparaissent après quelques jours.

Électrocardiogramme (ECG)

Votre médecin pourrait exiger un examen du cœur avant de vous prescrire un médicament.

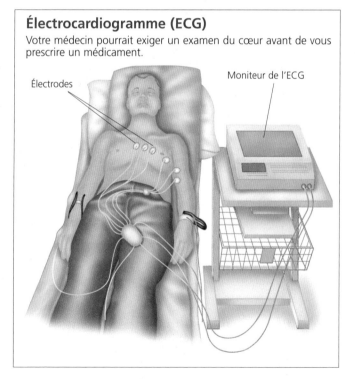

Électrodes

Moniteur de l'ECG

Le National Institute for Health and Clinical Excellence (NICE) a élaboré des lignes directrices quant à l'utilisation de médicaments contre la démence (voir l'encadré à la page 60). Des changements récents à ces lignes directrices montrent une souplesse accrue quant à l'utilisation de ces médicaments.

Les médicaments antidémentiels connus à l'heure actuelle n'interrompent pas l'évolution de la maladie et ne permettent pas aux patients de se rétablir complètement. Toutefois, chez les personnes qui les tolèrent bien, ils peuvent faire la différence entre pouvoir se faire à manger ou non, ou se souvenir de payer les factures ou non. Autrement dit, ils permettent à certaines personnes de rester autonomes plus longtemps.

Lignes directrices du NICE quant au traitement de la démence

Les patients qui prennent des médicaments antidémentiels devraient :

- être atteints de la maladie d'Alzheimer seulement (et pas de démence vasculaire ou d'autres formes de démence);

- prendre des inhibiteurs de la cholinestérase comme le donépézil, la galantamine et la rivastigmine, mais pas de la mémantine;

- avoir reçu un diagnostic et une première prescription de la part d'un spécialiste;

- avoir obtenu un score de 10 à 20 au MMSE au début du traitement (ce score peut varier);

- prendre les médicaments tels que prescrits;

- faire l'objet d'un suivi médical tous les six mois.

Le médecin devrait vérifier l'efficacité du médicament après trois à six mois. Entre 1 personne sur 3 et 1 personne sur 4 qui prend ces médicaments observe une nette amélioration et devrait continuer la thérapie.

Il peut être difficile de déterminer si le médicament est efficace. Le médecin voudra connaître l'opinion de son patient ainsi que celle de ses proches et de ses amis à l'égard de l'effet du médicament.

Les médecins se servent souvent du MMSE afin d'établir si une personne réagit bien aux médicaments antidémentiels (voir la page 47). Après six mois, une personne atteinte de démence non traitée devrait obtenir un score moindre qu'auparavant. Si le score est identique à ce qu'il était ou meilleur une fois la médication commencée, c'est un signe que la thérapie médicamenteuse est efficace.

Bon nombre d'autres médicaments ont été proposés pour le traitement des symptômes cognitifs de la démence, mais peu se sont montrés efficaces. En voici quelques-uns qui peuvent aider.

Mémantine

Ce médicament agit sur un autre composé chimique du cerveau relatif à la mémoire, le N-méthyl-D-aspartate (NMDA). Il a été utilisé pour le traitement des stades plus avancés de démence et peut contribuer à l'amélioration des capacités liées aux activités de la vie quotidienne. Il est aussi recommandé dans le traitement des symptômes comportementaux. L'institut NICE ne l'a pas encore approuvé.

Aspirine

L'aspirine ainsi que d'autres anti-inflammatoires non stéroïdiens ont été proposés, mais la recherche ne permet pas de prouver leur efficacité hors de tout doute.

Statines

Les statines sont un groupe de médicaments utilisés pour traiter un taux de cholestérol élevé et pourraient aussi aider à prévenir l'apparition de la démence. On ne sait toutefois pas si elles améliorent les symptômes lorsque la démence est commencée.

Ginkgo biloba

Le ginkgo biloba, un extrait de plante largement utilisé, a fait l'objet de nombreux essais cliniques. Malheureusement, il semble avoir un effet très limité sur la démence.

Traitement des symptômes comportementaux
Étude de cas – Robert

Robert vivait avec son partenaire, André, dans un logis au sous-sol. Robert était atteint de démence depuis quatre ans. Il demandait beaucoup de soins : il souffrait d'incontinence d'urine et devenait souvent très agité les après-midis. Il essayait alors de sortir en criant qu'il voulait rentrer à la maison. Il ne reconnaissait plus son propre domicile !

André tenait à prendre soin de Robert à la maison, mais cela devenait de plus en plus difficile. L'hôpital local leur a fourni une infirmière spécialisée en démence. Elle a conseillé André sur la façon de gérer l'incontinence de Robert, notamment emmener ce dernier fréquemment à la toilette et utiliser des couches-culottes pour adultes.

L'infirmière a aussi suggéré à André, au lieu de chercher à garder Robert dans l'appartement en après-midi, de l'emmener faire une promenade dans le quartier lorsqu'il devenait agité. Lorsqu'il faisait une marche, Robert était beaucoup plus calme durant la soirée.

Lorsqu'Alois Alzheimer a décrit les symptômes de la maladie d'Alzheimer, il a noté que les symptômes les plus affligeants n'étaient pas liés à la perte de mémoire, mais aux changements de l'humeur et du comportement. À peu près toutes les personnes atteintes de démence vont manifester de tels changements. Vous les trouverez dans le tableau qui suit.

Bon nombre de ces symptômes peuvent causer une grande détresse tant chez les personnes touchées que chez leurs donneurs de soins. Certains symptômes, comme la dépression, peuvent aggraver les troubles de la mémoire et réduire la capacité d'accomplir les tâches de la vie quotidienne.

À l'occasion, un trouble physique, par exemple une infection urinaire ou la constipation, est à l'origine des symptômes. Il importe donc que toute personne touchée consulte un médecin afin d'éliminer les causes d'ordre physique. Une fois les causes physiques éliminées, on peut établir un traitement dans le but de guérir le symptôme.

Il est utile d'évaluer les symptômes dans le contexte de la personne et de son environnement présent et passé. Une « histoire de vie » peut s'avérer utile à cet égard. « L'histoire de vie » d'une personne permet de dresser son profil, ses antécédents, son éducation, ses passe-temps, sa carrière, ses relations, en plus de ses traits de caractère.

Changements du comportement ou de l'humeur courants dans la maladie d'Alzheimer		
Très courant	**Courant**	**Peu courant**
Apathie	Agitation	Pleurs
Agressivité verbale ou physique	Désinhibition	Maniérisme (répétition des activités)
Égarement et nervosité	Cris	Délire
Troubles de l'alimentation	Troubles sexuels	Hallucinations (voir ou entendre des choses qui ne sont pas là)
Troubles du sommeil		
Dépression		
Anxiété		
Répétition des mêmes questions		

Elle peut aussi être très utile lorsque la personne atteinte doit aller vivre en maison de santé, car elle aidera le personnel à mieux comprendre leur patient.

Souvent, le personnel composera l'histoire de vie avec l'aide de la personne atteinte de démence ainsi qu'avec les membres de sa famille et ses amis. Celle-ci peut prendre la forme d'un album rempli de photos.

Étude de cas – Alice

La musique était l'unique grand amour d'Alice. Elle avait fait partie de nombreuses chorales depuis l'âge de huit ans. Elle était une pianiste accomplie et jouait aussi de la flûte traversière. Pendant des années, elle a travaillé comme bénévole pour enseigner la musique à la prison locale. Elle possédait une importante collection de dis - ques de musique classique.

Alice souffrait de la maladie d'Alzheimer depuis huit ans et venait tout juste d'emménager dans une maison de santé. Bien qu'elle eût visité les lieux avant de s'y installer et eût semblé trouver l'endroit adéquat, une fois sur place, elle est devenue très angoissée, déprimée et de plus en plus irritable.

Elle marchait souvent de long en large dans les couloirs et se mettait parfois à crier devant le téléviseur. Le personnel de la maison connaissait l'histoire d'Alice et a supposé que la privation de musique la perturbait. Le petit-fils d'Alice trouva la solution : il acheta un lecteur MP3 pour sa grand-mère et y téléchargea une grande quantité de la musique qu'elle aimait. Alice écoute maintenant sa musique souvent et semble mieux.

Lorsque la dépression est grave, il convient de la traiter à l'aide d'antidépresseurs, car elle peut empirer les symptômes de la démence. Pour la plupart des autres symptômes, on peut tenter des thérapies non médicamenteuses en premier lieu. L'approche thérapeutique doit être choisie après avoir fait une étude approfondie des symptômes.

Agitation et nervosité

Des mouvements répétitifs sans but et des marches de long en large peuvent signaler de la douleur ou de l'ennui, mais surviennent aussi sans raison particulière. Ces symptômes sont les plus troublants pour les donneurs de soins, mais ils ne semblent toutefois pas déranger la personne atteinte de démence.

Si la nervosité demeure modérée, il est préférable de la tolérer tout simplement. Cependant, il arrive qu'un petit changement dans les habitudes permette de réduire le problème (voir le cas de Robert à la page 62).

Par le passé, on traitait souvent ces symptômes avec des sédatifs, mais on a constaté que ces médicaments étaient mauvais pour les personnes souffrant de démence (ils peuvent causer des chutes, une sédation excessive ou des AVC). Il ne faut donc y avoir recours que dans des situations des plus extrêmes, et ce, avec la prescription d'un spécialiste.

L'analyse du comportement dans le but de découvrir les causes des symptômes et leurs conséquences peut contribuer à trouver une solution au problème, comme dans l'étude de cas qui suit.

Étude de cas – Jean

Jean était un homme bien bâti, d'une taille de plus de deux mètres (six pieds). Il ne passait pas inaperçu dans la maison de santé où il vivait. Jean souffrait de démence vasculaire, ce qui affectait son langage. L'un de ses problèmes était sa difficulté à se faire comprendre.

Après quelques semaines, Jean est devenu plus agressif, frappant parfois le personnel ou d'autres résidents. Le personnel, à bout de patience, a demandé qu'on transfère Jean à l'hôpital.

Une analyse du comportement de Jean a révélé que son agressivité se manifestait environ à l'heure des repas. Une infirmière a observé qu'au service Jean s'agitait de plus en plus et se montrait parfois agressif; plus il devait attendre son repas, pire c'était.

En outre, Jean semblait avoir encore faim après les repas, bien qu'on lui servît les mêmes portions qu'aux autres résidents. On décida alors de le servir en premier puis de lui donner une deuxième portion. Cela fonctionna à merveille. L'agressivité de Jean s'est atténuée et ce dernier a pu continuer de vivre à la maison de santé.

Troubles d'alimentation

Les personnes atteintes de démence voient leurs goûts alimentaires et leur appétit changer. Bon nombre d'entre elles perdent du poids après l'apparition de la maladie, même si elles mangent souvent plus d'aliments sucrés. Il peut être bon de faire preuve de souplesse en ce qui concerne les repas, peut-être en servant des aliments qui se mangent avec les doigts ou des repas plus petits, mais plus fréquents, et en adaptant l'alimentation aux goûts de la personne.

Troubles du sommeil

L'incapacité de dormir la nuit est un problème courant. Les gens peuvent se réveiller à l'aube et se penser au milieu du jour. Ils peuvent même s'habiller et essayer de se rendre au travail. Les siestes d'après-midi et le manque d'exercice peuvent aggraver les troubles du sommeil la nuit venue.

La première étape consiste à établir une routine comprenant de l'activité physique et des sorties à l'air frais tous les jours, à éviter les petites siestes, et à éviter les gros repas ou les boissons stimulantes (comme le café) avant d'aller dormir. Des rideaux opaques peuvent empêcher certaines personnes de se réveiller à l'aube, et une horloge sur la table de chevet pourrait servir à rappeler que c'est encore la nuit.

Anxiété et dépression

Ces deux symptômes vont souvent de pair et sont courants dans le cas d'une démence. La dépression peut même aggraver de nombreux symptômes de la maladie, notamment l'oubli, le manque de concentration et le manque de motivation.

Si l'on soupçonne qu'une personne atteinte de démence souffre aussi de dépression, il faut lui faire voir un médecin sans tarder, car elle peut avoir besoin d'antidépresseurs (comprimés contre la dépression).

Pleurs

Une personne peut pleurer souvent même si elle ne souffre pas de dépression. Certaines personnes paraissent tout à fait heureuses, se mettent soudainement à pleurer, puis redeviennent joyeuses l'instant d'après. C'est ce qu'on appelle la « labilité émotionnelle ». Cela peut s'avérer troublant pour les donneurs de soins même si la personne touchée ne semble pas affligée. Les antidépresseurs peuvent parfois améliorer cette situation.

Désinhibition

La désinhibition se définit comme l'absence de contrôle sur ses impulsions. Par exemple, si vous voyez une belle personne, il se peut que vous ayez envie de l'embrasser, mais vous vous retenez de le faire.

La désinhibition est souvent l'un des symptômes les plus difficiles à gérer. Les personnes atteintes peuvent tenir des propos blessants ou se comporter de façon inappropriée — par exemple uriner en public, faire des invitations d'ordre sexuel à des membres de la famille, à des amis ou même à des étrangers. Ce symptôme peut s'avérer difficile à traiter et requiert l'avis d'un spécialiste. Dans des cas extrêmes, on fait appel à des sédatifs pour réduire les comportements indésirables.

Troubles sexuels

Des troubles sexuels qui se manifestent par des demandes excessives de rapports sexuels, la masturbation en public, des touchers aux organes génitaux ou des invitations d'ordre sexuel à des étrangers peuvent devenir très embarrassants pour les partenaires du patient et les donneurs de soins.

Il faut se rappeler en tout temps que c'est la maladie qui est responsable du comportement inapproprié, et pas la personne. Cela peut déranger tout autant si la personne refuse les rapports sexuels et que son partenaire se sent rejeté. Dans de tels cas, il est bon d'en discuter avec une infirmière spécialisée ou un médecin, qui peuvent souvent donner de bons conseils. Certains médicaments permettent de réduire la libido.

La perte de libido qui peut accompagner la démence peut être tout aussi frustrante (pour le partenaire). La libido peut fluctuer avec le temps, mais il peut aussi se produire une interruption permanente des rapports sexuels. Il faut alors chercher des façons de faire renaître le désir chez son partenaire pour améliorer la situation.

Délire et hallucinations

Le délire (croire que quelqu'un nous vole des choses ou veut nous faire du mal) et les hallucinations (voir ou entendre des choses qui ne sont pas là) sont fréquents chez les personnes atteintes de démence.

Si ces symptômes n'occasionnent pas de détresse, il vaut mieux ne pas intervenir. Un groupe de médicaments, les antipsychotiques (normalement utilisés dans les cas de schizophrénie), peuvent aider à diminuer les symptômes, mais ils doivent être prescrits par un spécialiste qui suit régulièrement la personne.

Changement dans le profil des symptômes

Quelle que soit la cause de la démence, la nature et la gravité des symptômes comportementaux et psychologiques varieront au fil de la maladie. Par conséquent, il importe de réviser régulièrement le plan de traitement des personnes atteintes.

POINTS CLÉS

- Préserver sa santé et garder son esprit occupé peut aider à prévenir la démence.

- La perte de mémoire et les autres symptômes cognitifs peuvent diminuer à l'aide de médicaments antidémentiels du groupe des inhibiteurs de la cholinestérase.

- L'évaluation des symptômes comportementaux doit tenir compte de l'histoire de vie de la personne. On ne devrait avoir recours aux sédatifs qu'en dernier ressort.

Obtenir de l'aide

Comment obtenir de l'aide, et à quel prix ?

Des établissements variés peuvent fournir de l'aide et tous les professionnels présentés ci-après peuvent vous être utiles. Toute personne atteinte de démence ainsi que ses donneurs de soins ont droit à une évaluation de leurs besoins. Il arrive souvent qu'un travailleur social ou un ergothérapeute des services sociaux de la région se charge de faire cette évaluation.

L'évaluation est gratuite, mais il se peut que vous deviez la demander. Communiquez avec les bureaux des services sociaux de votre région ou demandez à votre omnipraticien de vous rediriger. L'évaluation pourrait cerner des besoins qui requièrent un soutien externe.

Une personne-ressource désignée, le plus souvent un travailleur social, dressera un programme de soins, discutera de vos besoins et vous informera des services offerts dans votre région. Les types d'aide peuvent inclure la visite d'auxiliaires de soins à domicile (pour faire les courses, le ménage), la distribution de repas, des soins de jour et des services de répit. Il peut y avoir des frais en fonction de vos ressources actuelles.

Chaque autorité locale détermine les services dont elle défraie les coûts et sa méthode d'évaluation des ressources. Si vous en avez les moyens, vous pouvez retenir les services d'organismes privés, qui sont la plupart du temps supérieurs à ceux qui sont offerts gratuitement. Bien sûr, ce n'est pas toujours le cas; certains soins privés peuvent s'avérer tout à fait inadéquats.

Si l'on vous demande de payer des services, mais que vous trouvez que c'est injuste ou encore que vous ne pouvez pas vous le permettre, communiquez avec la société Alzheimer de votre région ou un organisme de protection du citoyen.

Types d'aide

Toutes les personnes atteintes de démence ainsi que leurs donneurs de soins ont besoin d'aide. Voici les types d'aide les plus fréquemment requis :

- information;

- aide pratique;

- soins médicaux;

- soutien personnel.

Le soutien et les services offerts aux personnes qui sont atteintes de démence varient grandement d'une région à une autre; ils peuvent être excellents à certains endroits et plus limités à d'autres. La Société Alzheimer, ainsi que des programmes similaires, augmentera l'offre de soins de qualité, du moins l'espérons-nous.

Information

Il est important d'être informé sur tous les aspects de la démence et de savoir où on peut obtenir de l'aide. La plupart des renseignements sont gratuits, mais vous voudrez peut-être vous procurer quelques livres à ce sujet. L'information dont vous aurez besoin variera avec le temps.

Il existe des programmes d'aide financière pour les personnes atteintes de démence et leurs donneurs de soins. Il sera nécessaire d'obtenir des conseils sur cette aide de même que sur la façon de rédiger un testament ou de préparer une délégation de pouvoir; ce sont des choses qu'il faut savoir.

Il existe un grand nombre de ressources d'aide. Votre omnipraticien est un bon point de départ, car il est au courant des services offerts dans votre région.

Bon nombre de localités ont des équipes de soutien spécialisées dans la démence. Les sociétés Alzheimer peuvent fournir beaucoup de documents d'information bien rédigés et faciles à comprendre. En outre, il existe des groupes de soutien pour les gens atteints de la maladie d'Alzheimer dans plusieurs régions.

De nombreux livres s'adressent aux personnes atteintes de démence et à leurs donneurs de soins.

Aide pratique

Les besoins en soutien à domicile et en aides techniques changeront au fil de l'évolution de la maladie. C'est pourquoi l'évaluation des besoins du donneur de soins est si importante. Il faut aussi qu'un travailleur social veille à ce que ces besoins soient satisfaits et réévalués sur une base régulière. Les besoins d'aide pratique à domicile peuvent consister :

- en services d'entretien ménager, en services de courses et en distribution de repas à domicile;

- en dispositifs de sécurité et en équipement tels que chaises percées, services de lessive, conseils sur la façon de se déplacer et de manipuler des objets, vêtements adaptés et appareils d'aide spécialisés pour les déplacements;

- en services de sécurité à domicile : ce service plutôt récent, le système de télésécurité, fait appel à la technologie pour rendre la vie à la maison plus sécuritaire. Il inclut une alarme qui se déclenche en cas d'ouverture de la porte d'entrée ou en cas de chute, ou encore des capteurs qui signalent si les robinets ou le gaz sont restés ouverts;

- de l'aide le matin pour le lever et les soins d'hygiène, ainsi que le soir pour se mettre au lit.

Soins médicaux

Des consultations médicales à intervalles réguliers pour la personne atteinte de démence, et séparément pour son donneur de soins, constituent une priorité.

La personne atteinte de démence a besoin :

- de rencontrer son médecin à intervalles réguliers, idéalement tous les six mois;

- de faire traiter ses autres problèmes de santé comme la dépression ou des infections;

- de recevoir des conseils en matière d'alimentation et d'activité physique;

- de soins des pieds, d'examens de la vue et de l'ouïe et de visites chez le dentiste.

Le donneur de soins doit veiller à préserver sa propre santé. Un donneur de soins en santé et de bonne humeur peut influer positivement sur la personne atteinte de démence dont il s'occupe.

Soutien personnel

Le soutien personnel au donneur de soins et à la personne dont il s'occupe peut prendre plusieurs formes. Le travailleur social responsable de s'assurer du suivi de l'évaluation des besoins mentionnée précédemment peut favoriser l'accès aux services suivants.

Soins de jour/Services de répit

Prendre soin d'une personne atteinte de démence ou faire l'objet de ces soins peut s'avérer épuisant sur le plan émotionnel. La personne qui tente de se débrouiller seule va droit à l'échec, en plus de rendre la vie de la personne atteinte de démence plus difficile.

Il importe donc que tant la personne atteinte de démence que son donneur de soins prennent congé l'un de l'autre de temps en temps. Cela fera du bien au donneur de soins de voir ses amis, de se consacrer à ses activités préférées ou simplement d'être à la maison sans avoir à surveiller la personne.

Pour sa part, il est bon que la personne atteinte de démence rencontre des gens et ait des activités variées.

Les services de répit proposent différentes formules. Dans certains cas, la personne atteinte de démence peut fréquenter un centre de jour une journée ou plus par semaine s'il y en a un dans sa région et si elle est d'accord pour y aller.

Il est aussi possible que quelqu'un vienne à la maison et prenne soin de la personne un après-midi ou une soirée pendant que le donneur de soins fait une sortie. Ou encore, il y a des maisons de santé qui peuvent héberger la personne atteinte de démence pendant quelques jours pour accorder un congé un peu plus long au donneur de soins.

Quelqu'un à qui parler

Beaucoup de donneurs de soins et de personnes atteintes de démence ont rapporté les avantages qu'il y a à pouvoir parler avec d'autres personnes qui vivent des problèmes semblables aux leurs. Il existe des groupes de soutien un peu partout qui ont des rencontres sur une base régulière. Le travailleur social ou une société Alzheimer locale peut vous renseigner sur les groupes de soutien actifs dans votre région.

Séjour permanent en foyer résidentiel ou en maison de soins infirmiers

Le temps peut venir où il ne sera plus possible de garder la personne atteinte de démence à la maison. Une discussion entre la personne, le donneur de soins, l'omnipraticien ou le spécialiste et le travailleur social permettra alors de prendre une décision. C'est le cas par exemple lorsque la personne atteinte de démence vit seule et présente un risque pour elle-même, car il est rarement possible de fournir des soins à un patient 24 heures sur 24, sauf à grands frais.

C'est aussi le cas si le donneur de soin est une personne fragile physiquement ou mentalement, et qu'il n'est plus en mesure de procurer des soins même avec de l'assistance quotidienne et les services de répit.

Qui peut aider ?
Services de santé et services sociaux

La personne atteinte de démence, le donneur de soins, le travailleur social et l'omnipraticien peuvent coordonner les soins tout au long de la maladie. L'omnipraticien se chargera de surveiller la santé de la personne malade et de son donneur de soins.

En vue d'obtenir un diagnostic ferme et des conseils quant aux traitements à envisager ou à la gestion de la maladie, l'omnipraticien peut rediriger la personne et son donneur de soins vers un spécialiste.

Le spécialiste peut être :

- un psychiatre gériatrique (un médecin spécialisé dans les troubles mentaux des personnes âgées);

- un neurologue (un spécialiste des maladies du système nerveux);

- un gériatre (un spécialiste des maladies touchant les personnes âgées).

Le choix du spécialiste peut dépendre :

- de l'âge de la personne;

- de ses symptômes;

- des services offerts dans la région.

Il arrive qu'une personne doive consulter plus d'un spécialiste; par exemple, un neurologue peut demander un deuxième avis à un psychiatre gériatrique spécialisé en symptômes de dépression.

Le psychiatre gériatrique fait souvent partie d'une équipe de santé mentale communautaire qui inclut des

travailleurs sociaux, des psychologues, des ergothéra-
peutes et des infirmières spécialisées. Au fil de l'évolution de la maladie, il se peut que les divers membres de
l'équipe soient appelés à donner des conseils et à fournir du soutien à la personne. Les autres spécialistes n'ont
habituellement pas d'équipe de soutien.

L'équipe de santé mentale communautaire ou l'omnipraticien peuvent rediriger le patient vers les services
sociaux afin qu'il obtienne de l'aide pour se laver et s'habiller, vers un podiatre ou un podologue pour des soins
des pieds, ou encore vers un conseiller en continence.

Pour sa part, l'ergothérapeute peut recommander
des façons d'aider la personne à maintenir ses capacités
et son autonomie le plus longtemps possible. Il peut
proposer des aides techniques à utiliser à la maison.

Le travailleur social peut organiser des périodes de
répit tant pour le donneur de soins que pour la personne atteinte de démence. Un grand nombre d'agences,
bénévoles, privées ou de l'État, fournissent ces services,
parfois moyennant certains frais.

Le travailleur social discutera avec la personne et son
donneur de soins afin de déterminer ce qui leur est le plus
utile et de cerner des changements dans leurs besoins
avec le temps.

Il existe de nombreuses possibilités selon les besoins
de la personne atteinte de démence et de son donneur
de soins. Elles varient en fonction du temps et des ressources locales, certaines occasionnant des frais. En voici
une liste :

- un gardien à domicile pour permettre au donneur de
  soins de sortir quelques heures, une soirée, voire une
  fin de semaine;

- un auxiliaire rémunéré ou bénévole qui fait une sortie avec la personne atteinte de démence;

- des soins de jour offerts soit par les services sociaux, soit par des organisations bénévoles comme une société Alzheimer ou autre, selon les ressources locales. La personne atteinte de démence devrait pouvoir s'y rendre un nombre donné de jours par semaine. La plupart des centres de jour s'occupent de transporter la personne;

- des séjours de courte durée en foyer résidentiel, par exemple d'une fin de semaine, d'une semaine, ou plus, pour permettre au donneur de soins de prendre des vacances ou simplement de se reposer à la maison. Ce service peut être offert par les services sociaux, ou par les secteurs privé ou bénévole, selon les ressources locales;

- un séjour permanent en foyer résidentiel ou en maison de soins infirmiers arrangé avec l'aide du travailleur social. Il est préférable de visiter plusieurs établissements. Le choix dépendra de l'évaluation de la personne atteinte de démence, de ses besoins et des services offerts par l'établissement.

Professionnels de la santé participant aux soins

Voici une liste des divers professionnels de la santé qui peuvent intervenir dans les soins aux personnes atteintes de démence. Du fait que bon nombre d'entre eux font partie d'équipes interdisciplinaires, leurs rôles ne sont pas toujours nettement définis

Professionnels de la santé	Rôle
Omnipraticien	Redirection du patient en vue d'un diagnostic, soins médicaux
Psychiatre	Diagnostic, initiation du traitement et contrôle
Neurologue	Diagnostic, formes rares de démence
Ergothérapeute	Amélioration des fonctions; augmentation de la sécurité des lieux, évaluation des besoins en systèmes de télésécurité
Infirmier communautaire	Suivi de l'évolution de la maladie et du traitement, conseils
Infirmière spécialisée	Conseils aux donneurs de soins et soutien
Travailleur social	Obtention de services, de soins à domicile, de services de répit, de places en maison de santé et de soutien
Psychologue	Tests de mémoire spécialisés, évaluation du comportement
Orthophoniste	Amélioration de la communication, troubles de déglutition

La Société Alzheimer
http://www.alzheimer.ca/french/

La Société Alzheimer a pour mission de soutenir les personnes atteintes de toutes les formes de démence et leur famille. (La Société a des bureaux dans différents pays, régions et villes. Faites une recherche pour trouver celle qui dessert l'endroit où vous vivez.) L'organisation régionale vous fournira :

- de l'information sur toutes les formes de démence;

- de l'aide pratique et un soutien émotionnel, par l'intermédiaire de services d'assistance téléphonique et de groupes de soutien;

- des conseils juridiques et financiers;

- divers services, de répit par exemple.

POINTS CLÉS

- Les personnes atteintes de démence et leurs donneurs de soins ont besoin d'information, d'aide pratique, de soins médicaux et de soutien personnel. Il ne faut pas rester seul.

- Chaque donneur de soins a droit à une évaluation gratuite de ses besoins. Faites-en la demande auprès des services sociaux de votre région.

- Profitez des services de la Société Alzheimer. Sa mission est de vous aider.

Vivre avec la démence : conseils aux personnes atteintes de démence et à leurs donneurs de soins

Conseils aux personnes atteintes de démence

Au cours des 10 dernières années, on a diagnostiqué davantage de cas de démence à un stade précoce. Par conséquent, il a été possible de discuter avec ces personnes au cours des premiers stades de la maladie et d'en apprendre plus sur les effets qu'a la maladie.

Il n'y a pas si longtemps, les médecins croyaient impossible que les personnes atteintes de démence puissent contribuer à la compréhension de leur situation. Aujourd'hui, nous connaissons grâce à elles tout un éventail des réactions émotionnelles qu'elles peuvent ressentir et vivre.

Elles peuvent éprouver de la colère : « Pourquoi moi ? » Elles peuvent avoir peur : « Comment vais-je me débrouiller plus tard ? « Comment ma famille fera-t-elle face à l'avenir ? » Elles peuvent sombrer dans la tristesse ou le désespoir : « À quoi bon continuer ? » Elles peuvent se sentir seules.

Conseils d'ordre général

Voici quelques conseils pratiques à l'intention des personnes atteintes de démence formulés par d'autres personnes atteintes. Si votre mémoire n'est plus aussi vive qu'elle était, les astuces suivantes peuvent vous aider :

- tenez un journal;

- installez un tableau blanc dans la cuisine afin de noter vos activités et vos rendez-vous;

- posez des affiches sur les portes et les tiroirs qui vous rappellent où sont rangées vos choses;

- gardez une liste de noms et de numéros de téléphone près du téléphone;

- abonnez-vous à un quotidien : la lecture garde votre cerveau actif et le journal vous rappelle la date;

- rangez toujours des objets tels que les clés au même endroit afin de pouvoir les trouver plus facilement;

- dites aux membres de votre famille que vous êtes d'accord pour qu'ils vous rappellent certaines choses que vous oubliez.

Essayez de rester joyeux et de ne pas déprimer. Parlez aux membres de votre famille et à vos amis. Soyez le plus actif possible. Continuez de pratiquer vos activités et de voir vos amis. N'hésitez pas à demander de l'aide.

Joignez-vous à un groupe de soutien pour personnes atteintes de démence, que votre société Alzheimer peut vous aider à trouver. Discuter de vos sentiments et de vos réflexions avec d'autres personnes touchées par la maladie peut être d'un grand soutien. Peut-être souhaiterez-vous contribuer à la mission de la société Alzheimer.

Au travail

Si vous occupez un emploi au moment où vous recevez un diagnostic de démence, il se peut que vous vous sentiez obligé de démissionner, à moins d'être un travailleur autonome. Cependant, votre employeur pourrait juger que vous êtes toujours en mesure de travailler. Vous serez peut-être même agréablement surpris de la sympathie des gens que vous mettrez au courant dès le début.

Votre employeur vous permettra peut-être de travailler moins d'heures ou d'accomplir une tâche différente. Assurez-vous que vos collègues vous indiquent si votre travail n'est pas adéquat et soyez à l'aise de demander de l'aide au besoin.

En prévision du moment où vous cesserez de travailler, assurez-vous que vous toucherez votre pension de retraite et renseignez-vous sur tout avantage auquel vous avez droit tandis que vous êtes toujours en mesure de tout comprendre. Le service des ressources humaines peut vous aider pour ce faire. S'il n'y a pas un tel service là où vous travaillez, consultez un organisme de protection du citoyen.

Veillez à signer une délégation de pouvoir afin que quelqu'un s'occupe de gérer vos affaires lorsque vous ne pourrez plus le faire vous-même (voir à la page 89). Lorsque vous cesserez de travailler, il importe d'avoir de quoi vous occuper. Il est important de rester actif et d'avoir des centres d'intérêt.

Conduite automobile

La démence peut diminuer la capacité de conduire de façon sécuritaire. Les personnes atteintes de démence ont l'impression qu'elles peuvent parcourir leurs trajets habituels sans problème. Toutefois, en cas d'imprévu, il se peut qu'elles ne réagissent pas aussi vite ou aussi bien qu'une personne en santé.

Le diagnostic de démence n'entraîne pas automatiquement une interdiction de conduire. La personne qui reçoit ce diagnostic est cependant tenue d'en informer le bureau d'immatriculation des véhicules automobiles et son assureur automobile.

Il est recommandé de ne pas conduire en attendant la décision du bureau d'immatriculation des véhicules automobiles. Le bureau peut exiger un rapport médical. Il peut accorder l'autorisation de conduire ou faire subir un nouvel examen de conduite.

Il arrive toutefois que le bureau d'immatriculation des véhicules automobiles révoque le permis de conduire. Une personne atteinte de démence ne peut pas posséder un permis de conduire pour les gros véhicules de marchandises ou pour les véhicules de transport public. Il est important de faire preuve de franchise et d'honnêteté tant avec le bureau d'immatriculation des véhicules automobiles qu'avec votre assureur automobile.

L'utilisation des transports en commun ou de taxis ainsi que la marche représentent sans doute des options plus sécuritaires.

Chaque personne a la responsabilité d'éviter tout préjudice, non seulement à lui-même, mais aussi à autrui. Les capacités de conduite diminuent normalement vers 70 et 80 ans, mais de façon plus marquée chez les personnes atteintes de démence. Nous suggérons donc aux gens qui reçoivent un diagnostic de démence de cesser volontairement de conduire.

Finances

Conseils d'ordre général

Vous devrez peut-être consulter un notaire pour certaines des situations qui suivent. Simplifiez le plus possible le paiement de vos factures, par exemple par virements automatiques. L'ouverture d'un compte conjoint avec votre partenaire peut simplifier la gestion quotidienne des dépenses.

Assurez-vous de recevoir tous les avantages auxquels vous avez droit. Consultez le service d'assistance téléphonique de votre société Alzheimer à ce sujet.

Rédiger un testament

La majorité des gens n'ont pas de testament. Mourir sans testament peut causer des problèmes aux survivants. Les biens du défunt peuvent se retrouver entre les mains des mauvaises personnes. La rédaction d'un testament est en général fort simple.

Il est par contre préférable de consulter un notaire si vous avez déjà reçu le diagnostic de démence. La personne atteinte de démence peut rédiger un testament valide s'il est prouvé qu'elle a la capacité de tester. Cela signifie que la personne comprend ce qu'est un testament, qu'elle peut nommer ses héritiers et qu'elle a une bonne idée de la valeur de ses biens.

Prises de décision

À mesure que la démence progresse, les personnes sont de moins en moins aptes à prendre des décisions pour elles-mêmes. Cependant, dans les stades précoces de la maladie, bien des gens peuvent faire des choix qui influeront sur leur vie et sur leurs soins à venir.

Afin de prendre des décisions relatives aux soins qui leur sont nécessaires, les personnes atteintes de démence doivent en avoir la capacité. Autrement dit, elles doivent pouvoir comprendre et se rappeler l'information médicale qui leur est donnée au sujet de la décision à prendre (par exemple un traitement donné ou le déménagement dans un foyer résidentiel) et des autres options possibles, évaluer ces données et faire part de leur décision à quelqu'un.

Si vous n'avez plus cette capacité, il existe plusieurs mesures de protection qui peuvent vous garantir des soins adéquats, notamment mettre vos volontés par écrit au préalable et déléguer des pouvoirs à une personne en qui vous avez confiance.

Une délégation de pouvoir (pour les décisions liées au bien-être ou aux finances, voir la page 89) doit être faite alors que la personne possède toujours la capacité de le faire. C'est la meilleure façon de s'assurer qu'une personne s'occupera de prendre des décisions selon votre volonté en égard à vos soins, à vos finances ou à votre bien-être, si vous deveniez incapable de le faire.

Si vous n'avez pas fait de délégation de pouvoir (voir la page 89), les décisions importantes relatives aux soins reviendront à un proche parent, par exemple l'installation dans une maison de soins infirmiers.

Si personne ne peut jouer ce rôle, le travailleur social fera en sorte de vous assigner un représentant pour personnes à capacités mentales réduites.

Ce représentant a comme mandat de vous aider au moment de prendre des décisions importantes, par exemple aller vivre dans un foyer résidentiel. Il s'agit d'un intervenant indépendant qui a reçu une formation et qui a de l'expérience pertinente dans le domaine. Le rôle du représentant pour personnes à capacités mentales réduites consiste à représenter la personne atteinte de démence dans le but de répondre à ses besoins et à s'assurer que la meilleure décision est prise en son nom.

Directives préalables sur les traitements

Une directive préalable vous permet de préciser les traitements que vous ne voulez pas recevoir. Il vous permet également de faire connaître votre opinion sur des sujets importants comme le caractère sacré de la vie.

Vous ne pouvez pas obliger un médecin à vous administrer un traitement particulier par directive préalable, mais vous pouvez donner des lignes directrices quant aux types de traitements que vous accepteriez ou non.

Vous pouvez vous procurer un modèle de directive préalable auprès des sociétés Alzheimer. Il est important de donner un exemplaire du formulaire à votre médecin ainsi qu'à votre famille ou à vos amis.

Délégation de pouvoir

Il existe deux types de délégations de pouvoir :

1. pour les décisions liées aux finances;

2. pour les décisions liées au bien-être.

Il faut faire deux délégations de pouvoir distinctes. Des modèles de formulaires sont disponibles dans Internet ou auprès des organismes de protection du citoyen, mais ils sont plutôt complexes. Il est bon de retenir les services d'un notaire, en dépit des coûts que cela représente. Des organismes locaux peuvent vous aider à trouver un notaire.

Délégation de pouvoir au regard des finances
La délégation de pouvoir au regard des finances autorise la personne désignée à gérer vos finances, notamment à émettre des chèques, ou à faire des investissements, etc.

Délégation de pouvoir au regard du bien-être
La délégation de pouvoir au regard du bien-être autorise la personne désignée à prendre en votre nom des décisions liées aux soins médicaux ou sociaux. Vous pouvez nommer la même personne pour les deux types de délégations de pouvoir.

Si vous le souhaitez, vous pouvez désigner plus d'une personne et des personnes différentes pour les deux délégations de pouvoir. De plus, vous pouvez préciser ce que vous souhaitez (ou ce que vous refusez). Un témoin indépendant, soit une personne qui vous connaît bien ou un professionnel (par exemple votre médecin), doit signer le document et attester que vous l'avez rempli volontairement et que vous aviez la capacité de le faire.

Conseils aux donneurs de soins
Madame X, qui prend soin de son mari, décrit sa situation.

« Mon mari a d'abord montré ses premiers signes de démence il y a plusieurs années. Mon plus grand problème a été d'amener les professionnels de la santé à m'ÉCOUTER. Mon mari avait toujours l'air en forme il était très habile pour dissimuler ses lacunes.

« Aujourd'hui, je sais que ma qualité de vie est très importante et qu'elle est étroitement liée à celle de mon mari. Quand je suis épuisée, déprimée, vidée sur le plan émotionnel, que je dois ignorer ma frustration et que je ne peux pas réagir normalement à la violence verbale et aux fausses accusations, il m'est très difficile d'être patiente, tolérante et indulgente.

« Par bonheur, j'ai obtenu des services de répit toutes les six semaines, et ce, pendant une semaine ou deux. Cela me permet de dormir, de me détendre et de vaquer à des activités que je mets de côté quand je prends soin de mon mari.

« Cet homme auparavant sûr de lui, capable et extraverti est devenu nerveux, craintif et agité. Il a cessé de lire, il ne regarde plus la télévision et n'a plus de vie sociale. Et c'est tout juste s'il me laisse changer de pièce. »

La vie d'un donneur de soins peut être exténuante. Les personnes atteintes de démence ont de plus en plus de difficulté à accomplir leurs activités quotidiennes sans aide. La vie semble se dérouler au ralenti, car tout prend plus de temps à se faire.

Certaines personnes atteintes de démence peuvent refuser de l'aide lorsqu'il s'agit de recevoir des soins personnels et peuvent devenir grincheuses sans pouvoir expliquer pourquoi.

Dans certains cas, leur comportement devient si embarrassant que les donneurs de soins n'osent plus inviter des amis à la maison ou sortir avec le malade. Par conséquent, les donneurs de soins courent le risque de devenir isolés et esseulés.

Les personnes atteintes de démence peuvent mal dormir et confondre le jour et la nuit, ce qui cause une grande fatigue chez les donneurs de soins. De plus, les donneurs de soins peuvent vivre une grande tristesse du fait qu'ils ont perdu la personne qu'ils connaissaient.

Toutes ces émotions peuvent faire naître de la dépression, de la colère et de l'irritabilité chez les donneurs de soins, et les amener à faire preuve d'impatience et d'agressivité envers la personne avec qui ils vivent et de qui ils s'occupent.

Les donneurs de soins pourraient aussi éprouver de la culpabilité, d'autant plus dans les moments où ils n'en peuvent plus et où ils envisagent de confier la personne atteinte de démence à une maison de santé.

Les coûts des soins à fournir à une personne souffrant d'une maladie chronique peuvent constituer une source d'inquiétude supplémentaire.

Toutes ces émotions se manifesteront à divers degrés, mais il est possible de les atténuer grandement avec de bons conseils, de l'information et du soutien. Prendre soin d'une personne atteinte de démence avec qui on vit représente un véritable défi.

Voici quelques lignes directrices et des conseils à l'intention des donneurs de soins tirés de l'expérience d'autres donneurs de soins.

Conseils pour la gestion de l'usage des toilettes et de l'incontinence

Il arrive qu'une personne atteinte de démence ne reconnaisse plus les signes qui lui indiquent qu'elle doit aller à la toilette, ne sache pas où se trouve la salle de bains ou ne se rappelle pas quoi faire une fois devant la toilette. Voici quelques idées que d'autres donneurs de soins ont trouvées utiles :

- rappelez à la personne d'aller à la toilette à intervalles réguliers, et systématiquement avant qu'elle se mette au lit ou avant une sortie;

- assurez-vous que la salle de bains est facile à trouver, bien éclairée et chaude, et laissez la porte ouverte;

- assurez-vous que la personne porte des vêtements faciles à enlever;

- limitez la consommation de boissons avant le coucher ou avant une sortie;

- placez un pot ou une chaise percée près du lit de la personne atteinte;

- demandez les conseils d'un médecin, qui peut vous rediriger vers un conseiller en continence, lequel vous parlera des couches-culottes pour adultes et des alèses imperméables pour les chaises et le lit.

Conseils pour la gestion des soins d'hygiène personnels

La personne atteinte de démence peut oublier de se laver, voire ne pas en reconnaître la nécessité. Voici quelques conseils à ce sujet :

- essayez de créer et de maintenir une habitude;

- rendez l'heure du bain agréable;

- respectez la dignité de la personne;

- assurez-vous de sa sécurité;

- si le problème persiste, demandez à votre omnipraticien de vous rediriger vers le service d'infirmières de votre région.

Comprendre ce qui se produit chez la personne

- Les personnes qui perdent la mémoire auront de la difficulté à comprendre ce qui se passe autour d'elles, où elles se trouvent et avec qui elles sont.

- Ces personnes peuvent éprouver de la difficulté à s'exprimer ou à comprendre ce qu'on leur dit.

- Elles peuvent ressentir de la frustration à cause de leur perte d'autonomie et montrer de la résistance.

- Leur comportement peut fluctuer d'une journée à une autre, parfois durant la même journée. C'est la nature de la démence.

Il importe que le donneur de soins comprenne et essaie de se rappeler que toutes ces difficultés découlent de la maladie du cerveau, et que la personne atteinte de démence n'est pas à blâmer.

Renseignez-vous le plus possible sur la démence et ses effets sur la personne dont vous vous occupez. Votre connaissance intime de la personne atteinte de démence vous aidera souvent à comprendre pourquoi elle réagit d'une certaine manière alors que cela peut s'avérer impossible ou très difficile pour les professionnels de la santé qui ne la connaissent pas.

Avoir une vie normale

Essayez de préserver le mode de vie de la personne le plus longtemps possible. Avoir une routine quotidienne est certainement utile, quoiqu'il faille aussi faire preuve d'une certaine souplesse. Continuez de faire les choses que vous avez toujours appréciées et fréquentez vos amis et votre famille.

Tentez de faire participer la personne à toutes les décisions, qu'elles soient majeures ou banales, et essayez de préserver son estime de soi le plus longtemps possible.

Maintien de l'autonomie

Les personnes atteintes doivent poursuivre leurs activités normales aussi longtemps qu'elles peuvent le faire. Tout risque de prendre plus de temps et parfois, il sera nécessaire de stimuler la personne.

Il est utile de simplifier les activités, par exemple d'étaler les vêtements sur le lit de telle façon que la personne sache dans quel ordre elle doit les enfiler. Cela permet à la personne malade de garder une certaine fierté personnelle et sa dignité.

Incitez la personne atteinte de démence à continuer de pratiquer ses activités préférées, tout en vous rappelant que l'évolution de la maladie peut transformer ses goûts. Soyez à l'affût de ces changements tôt dans la maladie afin de ne pas vexer la personne.

Éviter la confrontation

Évitez d'argumenter, par exemple, si la malade refuse de prendre un bain ou de changer de vêtements, ou encore si elle accuse quelqu'un de lui avoir volé son argent lorsqu'elle ne trouve plus un objet qu'elle a égaré. Éloignez-vous pendant quelques instants, ou provoquez une distraction et essayez de nouveau.

Éviter les crises

S'il vous faut sortir, prévoyez suffisamment de temps pour vous préparer afin d'éviter d'être à la course. Rappelez-vous que les endroits et les gens inconnus peuvent causer de la confusion chez la personne. Prenez le temps de parler de la sortie à plusieurs reprises avant le jour prévu.

Essayez d'anticiper certaines réactions compte tenu de l'expérience que vous avez accumulée. Vous êtes l'expert, car vous connaissez mieux que quiconque la personne dont vous prenez soin.

Essayer de rire

Votre vie n'est pas facile, et plus vous serez détendu, mieux vous vous sentirez. Rire avec la personne dont vous vous occupez rend les choses plus faciles pour tous les deux.

Des caresses peuvent s'avérer rassurantes dans la mesure où la personne veut bien les recevoir.

Une maison le plus sécuritaire possible

Une personne confuse atteinte de démence risque davantage d'avoir des accidents simplement parce qu'elle ne porte pas assez attention à ce qu'elle fait à cause de son manque de concentration.

Éliminez les petits tapis sur lesquels on peut trébucher et assurez-vous d'installer des rampes dans les escaliers et des barres de maintien dans la salle de bains. Des pantoufles bien ajustées réduisent également les risques de chute.

Il importe de fermer le compteur du gaz si vous sortez et laissez la personne seule à la maison. Ne laissez pas traîner d'allumettes.

Santé générale

De l'exercice sur une base régulière, comme une marche quotidienne, et une alimentation saine sont essentiels. Plus la personne atteinte reste active, en bonne condition physique et joyeuse, plus ce sera facile pour vous et par conséquent pour elle.

Portez attention aux médicaments, supervisez leur administration et essayez de savoir à quoi sert chacun d'eux. Questionnez le médecin si vous ne saisissez pas la fonction d'un médicament ou si les médicaments ne semblent avoir aucun effet sur le patient. Vérifiez s'il est possible de cesser de prendre certains médicaments; moins on en prend, mieux c'est.

Assurez-vous de prendre rendez-vous de façon régulière pour des examens de la vue, de l'ouïe, des pieds et des dents.

Des repas agréables

Tout le monde aime bien manger et boire. Essayez de faire participer la personne atteinte de démence à la planification et à la préparation des repas, puis prenez le temps de les déguster ensemble avec un bon verre de vin ou de bière, si c'est ce que vous aviez l'habitude de faire dans le passé.

Il suffit de se rappeler les mets que la personne malade a toujours aimés le plus pour planifier des repas qui lui feront plaisir.

Il importe d'encourager la personne atteinte à être le plus autonome possible. Si elle a de la difficulté à manier les ustensiles, servez davantage d'aliments qui se mangent avec les doigts.

Communication avec une personne atteinte de démence

Veillez à capter l'attention de la personne malade avant de lui parler. Souvenez-vous de parler lentement, clairement, et de rester dans le champ de vision de la personne. Écoutez-la et observez-la attentivement. Sachez qu'il vous faudra peut-être répéter ce que vous dites à plusieurs reprises.

Rappelez-vous aussi que vos gestes communiquent vos sentiments et que la personne peut les saisir.

Parler aux enfants et aux petits-enfants de la personne atteinte de démence

Les enfants et les petits-enfants doivent impérativement comprendre ce qui se passe avec la démence, et apprendre à accepter qu'il s'agit d'une maladie et qu'ils seront toujours une grande source de plaisir pour leur parent ou grand-parent. S'ils fréquentent l'école, ils pourront parler du malade à leurs enseignants et à leurs camarades, ce qui rendra la situation moins embarrassante s'ils invitent des amis à la maison.

Faciliter la mémoire

Il est utile de noter les choses importantes, par exemple écrire les événements prévus chaque jour sur un calendrier ou un tableau dans une pièce où on se trouve souvent. L'écriture est utile pour organiser la journée ou se rappeler le nom des visiteurs. Il est bon de garder près du téléphone une liste des noms et des numéros de téléphone des gens à qui la personne parle régulièrement. De plus, vous pouvez :

- vous procurer une horloge à gros chiffres;

- étiqueter les portes;

- afficher des photos des membres de la famille dans toutes les pièces;

- dire souvent le nom des gens ou des membres de la famille qui viennent rendre visite à la personne.

Communiquer avec le médecin

Une relation positive avec le médecin et les membres de l'équipe de santé mentale fait en sorte que la personne atteinte de démence et le donneur de soins vont se sentir bien soutenus. Il vous revient de découvrir comment y arriver.

Il est d'une grande importance de consulter son médecin sur une base régulière. Les visites n'ont pas à être rapprochées. Nous suggérons de prendre le prochain rendez-vous immédiatement après chaque consultation. Il est utile d'avoir en main des notes, par exemple sur la santé générale du patient, les changements observés dans les symptômes ou le comportement, les effets indésirables des médicaments, votre propre santé (voir ci-après) et l'aide dont vous avez besoin.

N'hésitez pas à poser des questions pour clarifier des choses ou à demander au médecin de répéter une information. Prenez des notes et relisez-les plus tard.

Surveiller votre propre santé physique et mentale

Votre santé est tout aussi importante que celle de la personne dont vous vous occupez. Ce n'est que trop facile de mal manger et de ne pas faire d'exercice lorsque vous êtes surchargé et épuisé. Il est si facile de passer outre à vos problèmes de santé et de ne pas consulter le médecin pour vous-même (voir le chapitre intitulé Obtenir de l'aide à la page 72).

POINTS CLÉS

■ Essayez différentes sortes d'aide-mémoire si vous souffrez de démence; vous pourriez en trouver un qui fonctionne bien et qui contrecarre les effets de la maladie.

■ Assurez-vous de veiller à votre propre santé et de satisfaire vos propres besoins si vous vous occupez d'une personne qui est atteinte de démence.

■ Il existe plusieurs ressources d'aide et de soutien : profitez-en !

Perspectives
d'avenir

Les cas de démence augmentent. À l'heure actuelle, on compte environ 35 millions de cas de démence à différents stades dans le monde. On s'attend à ce que ce nombre atteigne 100 millions d'ici l'an 2050.

La raison principale de cette augmentation est que les gens vivent plus vieux et que la génération du baby-boom arrive à l'âge où la maladie est plus susceptible de se développer.

Malgré ces faits, la démence fait l'objet de peu de recherches en comparaison de l'investissement dans la recherche d'autres maladies.

De meilleurs diagnostics

Une grande partie des personnes atteintes de démence au stade précoce ne consultent pas un médecin avant d'avoir eu la maladie depuis un bon moment, plus souvent des années que des mois. Beaucoup de gens ne recevront jamais un diagnostic officiel de démence.

Les choses doivent changer. Et cela ne se produira que si la population est mieux informée et que si l'on se débarrasse de l'image négative associée à la maladie.

La capacité des médecins de poser un diagnostic précis lorsqu'ils évaluent des personnes qui en sont au début de la maladie dépend largement du récit qu'en font la personne touchée, ainsi que les membres de sa famille et ses amis.

Des scintigraphies cérébrales, des tests de mémoire, des tracés d'ondes cérébrales et d'autres tests peuvent aider à confirmer le diagnostic de démence, bien qu'il n'existe aucun test spécifique à ce jour.

Au tout début de la maladie, il est impossible de savoir avec certitude si une personne souffre bien de démence ou si elle présente les petits troubles de mémoire associés au vieillissement.

Il importe de développer des tests plus précis, surtout des tests qui permettraient de déceler la maladie très tôt. Un diagnostic plus précis et à un stade plus précoce signifie que les personnes atteintes peuvent recevoir des traitements plus vite et disposer de plus de temps pour maintenir leur qualité de vie le plus longtemps possible.

Certaines personnes souffrent d'une démence réversible causée par un trouble qu'on peut traiter, par exemple une thyroïde lente ou une carence vitaminique. Bien que ces cas soient relativement rares, les médecins doivent reconnaître les cas de démence réversible afin de s'attaquer à la cause.

À l'heure actuelle, plus des deux tiers des personnes atteintes de démence n'ont pas fait l'objet d'un diagnostic précis, de sorte qu'on peut passer outre à ces causes possibles. Toute personne qui développe des troubles de mémoire devrait consulter un médecin afin de déterminer si la cause est réversible.

Dans 80 % des cas, les médecins déterminent sans se tromper la forme de démence dont une personne souffre (par exemple une démence vasculaire ou la maladie d'Alzheimer), et ce, à partir de l'histoire de la personne et d'une scintigraphie cérébrale.

La précision du diagnostic de la forme de démence s'améliore à mesure que de meilleurs traitements des formes particulières de démence sont découverts. Il demeure donc essentiel de pouvoir faire des tests plus précis afin d'établir les causes.

Il semble que des développements intéressants au regard des tests diagnostiques s'annoncent. Des scientifiques étudient la possibilité de diagnostiquer la maladie d'Alzheimer à partir d'analyses du sang ou du liquide entourant la colonne vertébrale.

Des nouvelles méthodes de balayage sont aussi à l'étude. L'une d'entre elles consiste à injecter une substance chimique qui se lie à l'amyloïde (la substance chimique qui se dépose dans le cerveau des personnes atteintes de la maladie d'Alzheimer) et qui apparaît sur une scintigraphie cérébrale faite par tomographie par émission de positons (TEP).

De meilleures normes de soins

La plupart des personnes atteintes de démence vivent à la maison et y reçoivent la plus grande partie de leurs soins. Environ 1 personne atteinte sur 3 vit dans une résidence. À la maison, la qualité des soins reçus dépend, en plus de beaucoup d'autres facteurs, des connaissances des donneurs de soins sur la maladie et son évolution ainsi que sur la quantité d'aide qu'ils reçoivent des membres de la famille, des professionnels de la santé et des autorités locales.

À l'heure actuelle, l'aide professionnelle et le soutien de services locaux varient grandement d'un endroit à un autre. Les donneurs de soins sont souvent mal informés et cela doit changer. Il faut que les donneurs de soins aient facilement accès à l'information que peuvent procurer les sources mentionnées précédemment.

Beaucoup de personnes atteintes de démence devront un jour recevoir leurs soins dans un foyer résidentiel. Encore une fois, la qualité de ces établissements est très variable et, dans certains cas, carrément déplorable.

Il est indispensable que les donneurs de soins des personnes atteintes reçoivent une formation adéquate, que leur valeur soit reconnue socialement, qu'ils soient bien rémunérés et aient accès à de l'avancement.

Il est nécessaire d'élever les attentes relatives aux normes en matière de soins et de soutien pour les malades vivant à domicile et en résidence.

Une bonne stratégie serait de :

- sensibiliser la population et les professionnels concernés;

- favoriser un diagnostic et obtenir une intervention précoce;

- améliorer la qualité des soins.

Il est probable qu'à l'avenir on s'efforcera de faire participer activement les personnes atteintes de démence aux décisions relatives à leur traitement, contrairement à ce qui se faisait par le passé. Jusqu'à tout récemment, on supposait qu'il ne valait pas la peine de chercher à connaître les désirs de ces personnes. Par conséquent, les professionnels de la santé et, à l'occasion, les membres de la famille ne les consultaient même pas.

Toutefois, avec des diagnostics posés plus tôt dans la maladie, un nombre accru de personnes atteintes sont en mesure de participer aux prises de décision.

Traitement et guérison

La démence n'a jamais été une priorité pour les chercheurs jusqu'ici, mais la situation est en train de changer. Le développement d'un traitement efficace est d'autant plus compliqué que les scientifiques n'ont toujours pas déterminé les causes des différentes formes de démence.

Il semble que les médias mentionnent la découverte d'un « traitement miracle » chaque semaine, mais ces annonces sont généralement sans suite. Bien que plusieurs traitements soient à l'étude, ils ne visent qu'à soulager les symptômes de la démence. Il s'écoulera sans doute bon nombre d'années avant qu'on trouve un remède à la maladie.

Cependant, plusieurs traitements prometteurs sont en développement, notamment des médicaments qui améliorent la mémoire et ralentissent les processus sous-jacents de la démence.

La recherche actuelle se concentre sur la maladie d'Alzheimer. À mesure que l'on comprend mieux le développement de la maladie, on peut mettre au point des médicaments pour la combattre à ses diverses phases.

Certains médicaments pourraient ralentir l'évolution de la maladie. À l'heure actuelle, il y a plus de 40 médicaments à l'étude.

Médicaments à visée anti-amyloïde

Certains médicaments sont conçus dans le but de diminuer le taux de la protéine amyloïde (une protéine anormale qu'on retrouve dans le cerveau des personnes atteintes de la maladie d'Alzheimer) ou de réduire sa formation. Les scientifiques étudient aussi la possibilité d'immuniser les gens contre l'amyloïde.

Thérapies anti-tau

Un composé appelé « tau », qui aiderait les cellules à conserver leur forme, présente des anomalies dans le cas de la maladie d'Alzheimer, avec pour résultat que les cellules cérébrales changent de forme, meurent et produisent des enchevêtrements. La mort des cellules cérébrales est selon toute probabilité responsable des symptômes de la démence. Des médicaments qui réduisent le taux de la protéine tau affichent des résultats encourageants pour le traitement de la maladie d'Alzheimer et font l'objet d'études.

Facteur de croissance des nerfs

Une troisième approche consiste à stimuler la formation d'un composé chimique appelé « facteur de croissance des nerfs ». Ce composé est présent dans tous les cerveaux et semble préserver la santé des cellules nerveuses.

Plusieurs médicaments qui augmentent le taux du facteur de croissance des nerfs (y compris les statines, utilisées pour le traitement des taux de cholestérol élevés), sont actuellement à l'étude.

La recherche porte également sur d'autres composés, comme les gras oméga-3 (présents dans les huiles de poisson), et d'autres médicaments.

Processus de développement des médicaments

À l'heure actuelle, il peut être frustrant de savoir que tous ces médicaments sont en développement, mais que les médecins ne peuvent en prescrire qu'un très petit nombre. Le fait est qu'il faut des années d'études pour s'assurer qu'un composé est efficace et sécuritaire.

Les médicaments passent par plusieurs étapes de développement (les phases 1, 2 et 3) avant d'arriver sur le marché. Moins de 1 médicament en développement sur 20 sera autorisé. Toutefois, avec toute la recherche en cours, il semble probable qu'on aura bientôt accès à des traitements plus efficaces.

Traitement des troubles comportementaux

Le traitement des troubles comportementaux a autant d'importance que celui de la mémoire dans la démence, parce que ces troubles sont souvent les plus problématiques à la fois pour les personnes atteintes de démence que pour leurs donneurs de soins.

Par le passé, on s'appuyait beaucoup trop sur les médicaments pour gérer ces troubles. Il est nécessaire qu'à l'avenir on mette davantage l'accent sur la compréhension de la maladie au regard de l'histoire de vie et de la personnalité de la personne atteinte.

Développement de nouveaux médicaments

Phase 1

Un petit nombre de volontaires en santé, en général 10 ou 12 personnes, sont choisis pour la première série d'essais. Ces tests déterminent si le médicament est sécuritaire.

Phase 2

Des essais visent à déterminer l'efficacité du nouveau médicament chez un groupe restreint de patients atteints de la maladie. On fait un suivi auprès de 100 à 200 patients afin d'établir les effets secondaires légers ou graves.

Phase 3

On sélectionne pour cette phase le plus grand nombre de patients (pouvant aller de 1 000 à 3 000) qui prennent le médicament sous surveillance médicale durant environ six mois. Les essais de la phase 3 se déroulent habituellement à l'hôpital ou dans un milieu clinique, parfois auprès de personnes de différents pays.

Si les résultats sont satisfaisants, on présente une demande aux agences d'autorisation ou autres institutions pertinentes qui décideront si elles accordent un permis d'exploitation ou non.

Phase 4

Après leur mise en marché, les nouveaux médicaments continuent de faire l'objet d'essais. Des milliers de patients contribuent à poursuivre la recherche et à aider les médecins. Les médecins évaluent l'utilisation du nouveau médicament dans la vie de tous les jours, que ce soit à la maison ou au travail. Dans le cas où un médicament a un effet indésirable rare, par exemple qui touche 1 personne sur 50 000, il est extrêmement peu probable qu'on découvre ces effets avant que le médicament soit disponible sur ordonnance.

Il faut accroître la formation du personnel et la recherche en lien avec la gestion de la démence pour éviter les médicaments et leurs effets souvent indésirables. Par exemple, une exploitation de l'histoire de vie des patients et une importance accrue accordée à la mise en contexte des comportements pourraient contribuer à réduire l'utilisation de médicaments.

POINTS CLÉS

Perspectives d'avenir :

- Le nombre de personnes atteintes de démence va augmenter.

- Une meilleure connaissance de la maladie et l'élimination de l'image négative qui y est associée pourraient favoriser des diagnostics précoces.

- Il faut consulter les personnes atteintes de démence à propos des décisions relatives à leur traitement.

- Bien qu'on ne s'attende pas à guérir la démence dans un avenir rapproché, de nouvelles approches diagnostiques et de nouveaux traitements sont en développement.

- Il faudra continuer de compter plusieurs années pour s'assurer qu'un nouveau médicament est sécuritaire et efficace avant de le commercialiser à grande échelle.

Questions et réponses

Qu'est-ce que la démence ?

La démence est le terme général utilisé pour décrire le grand nombre de troubles du cerveau caractérisés par un déclin progressif de la fonction cérébrale, notamment la mémoire, la réflexion, le langage et la personnalité.

La maladie d'Alzheimer diffère-t-elle de la démence ?

Non, elle ne l'est pas. La maladie d'Alzheimer est une démence, soit la forme la plus répandue de de la maladie. Il existe d'autres formes moins courantes.

Comment pose-t-on un diagnostic de démence ?

Il n'existe pas de test spécifique pour diagnostiquer la démence. En général, le diagnostic est posé par un omnipraticien ou un spécialiste (psychiatre ou neurologue), qui estime les antécédents médicaux de la personne et se renseigne sur les symptômes qu'elle présente auprès de la personne elle-même et d'un de ses proches. L'histoire de la personne, avec des analyses sanguines, des tests de mémoire et une scintigraphie cérébrale, permet en règle générale de poser un diagnostic.

Puis-je subir un test pour détecter la démence ?

La façon de poser un diagnostic est décrite à la question précédente. Si vous redoutez d'être atteint de démence, consultez votre médecin et discutez-en avec lui.

Quelles sont les causes de la démence ?

La cause fondamentale de toutes les formes de démence est une atteinte aux cellules nerveuses du cerveau. Les changements qui surviennent dans le cerveau dépendent de la forme de démence, avec la maladie d'Alzheimer au premier rang et la démence vasculaire, quoique moins répandue, au deuxième rang.

Dans la maladie d'Alzheimer, on observe des anomalies caractéristiques dans le cerveau appelées « plaques » et « enchevêtrements ». Dans la démence vasculaire, on note une maladie des vaisseaux sanguins ainsi que la présence de tissus morts dus à de petits AVC. Cependant, à peu près toutes les personnes atteintes de la maladie d'Alzheimer souffrent dans une certaine mesure de démence vasculaire. La démence vasculaire pure est beaucoup plus rare.

Pour ce qui est de savoir pourquoi certaines personnes développent la démence et d'autres non, il semble que la structure génique d'une personne (facteur héréditaire) puisse la rendre plus vulnérable à la maladie d'Alzheimer, mais il y a très peu de gens chez qui les gènes sont la seule cause importante de la maladie.

Il se pourrait qu'un certain nombre de causes associées à l'environnement ou au mode de vie soient à l'origine de la maladie d'Alzheimer, mais rien ne permet à l'heure actuelle de les établir avec certitude.

Comment savoir si je souffre de démence ?

Il est devenu chose courante chez bien des gens de s'imaginer qu'ils sont atteints de démence parce qu'ils ont oublié quelque chose. C'est parce qu'on entend davantage parler de la démence que les gens la mentionnent et s'en inquiètent plus. Bien des gens disent à la blague qu'elles doivent souffrir de la maladie d'Alzheimer dès qu'ils n'arrivent pas à se rappeler le nom d'une personne, un numéro de téléphone ou le titre du dernier film qu'ils ont vu.

À l'occasion, la personne atteinte est la première à constater ses troubles de mémoire, mais la plupart du temps, ce sont les proches qui les remarquent d'abord. Si vous pensez que vous pouvez développer la maladie, demandez aux personnes avec qui vous vivez ou travaillez de vous en parler dès qu'elles observent un problème lié à votre mémoire.

Souffrirai-je de démence ?

On sait que les risques de développer la démence augmentent avec l'âge, quoiqu'on ne puisse pas expliquer pourquoi. Si des membres de votre famille ont été atteints de démence à un âge avancé, cela accroît vos risques de développer la maladie si vous vivez vieux. Il est probable toutefois que vous mourrez d'une cause tout à fait autre que la démence.

Que dois-je faire si je suis atteint de démence ?

Ne vous découragez pas. Joignez-vous à la société Alzheimer de votre région. Renseignez-vous sur tout ce que vous pouvez faire. Rencontrez d'autres personnes atteintes de démence avec qui vous pourrez parler. N'hésitez pas à dire à vos proches que vous souffrez de démence. Essayez de mener une vie la plus normale qui soit (pour des conseils supplémentaires, voir « Vivre avec la démence », à la page 83).

Comment puis-je prévenir la démence ?

Beaucoup de personnes atteintes de démence présentent également des modifications des vaisseaux sanguins. Des caillots de sang dans les vaisseaux sanguins menant au cœur peuvent provoquer des crises cardiaques. De même, les caillots qui se trouvent dans les vaisseaux sanguins menant au cerveau peuvent entraîner des AVC. De petits ou d'importants AVC peuvent causer la démence.

Tout ce qui peut diminuer la formation de caillots de sang réduit par le fait même les risques de crises cardiaques et d'AVC. Ainsi, ce qui est bon pour le cœur est aussi bon pour le cerveau. À cet effet, nous vous recommandons :

- d'adopter une alimentation saine, faible en gras saturés;

- de cesser de fumer;

- de consommer de l'alcool avec modération;

- de faire de l'activité physique et mentale;

- d'éviter le surplus de poids;

- de contrôler votre hypertension artérielle, s'il y a lieu;

- de garder votre esprit occupé.

Rien ne peut garantir que vous ne souffrirez pas de démence si vous mettez ces conseils en application, mais ils sont bons pour vous de toute façon !

J'ai reçu un diagnostic de démence. Existe-t-il un remède ?

Non. À ce jour, il n'existe pas de remède à la démence. Si vous avez la chance de bien réagir aux traitements médicamenteux existants, vous semblerez « guéri » pendant un certain temps. Cependant, ces médicaments n'ont pas d'effet sur la progression de la maladie, alors les symptômes réapparaîtront tôt ou tard. Dans le cas contraire, il se pourrait que vous ayez reçu un mauvais diagnostic au départ.

Existe-t-il des médicaments qui empêchent la démence de s'aggraver ?

Oui. Certains médicaments peuvent aider les personnes atteintes de démence à mieux fonctionner dans leur quotidien. Ils n'aident toutefois pas tout le monde. Il est impossible à l'heure actuelle de savoir à l'avance qui réagira positivement ou non à la médication.

Quand les médicaments fonctionnent, c'est générale-ment de courte durée, mais cela varie d'une personne à une autre. Chez les gens qui ont réagi favorablement aux thérapies médicamenteuses, on atteint toujours un certain point où il devient incontestable que la maladie empire; à ce stade, il ne sert pas à grand-chose de pour-suivre le traitement.

Mon médecin dit que je souffre de démence. Puis-je conduire ma voiture ?

Peut-être, mais vous ou votre famille (voire votre médecin) devrez en aviser le bureau d'immatriculation des véhicules automobiles de votre région et attendre sa décision. Le bureau vous demandera un rapport médical et, selon l'information fournie, acceptera de valider votre permis de conduire pour un an ou le révoquera. À l'occasion, certaines personnes sont invitées à subir un nouvel examen de conduite dans le but d'évaluer leurs capacités.

Il est recommandé de commencer à vous faire à l'idée que vous ne pourrez bientôt plus conduire et d'utiliser les transports en commun ou les taxis pour vous déplacer. D'autres personnes pourraient aussi vous conduire.

Où puis-je trouver plus d'information sur la démence ?

La meilleure source d'information demeure la Société Alzheimer. Les omnipraticiens et les spécialistes qui posent un diagnostic de démence devraient en principe vous donner l'adresse, le numéro de téléphone et l'adresse du site Web de la Société Alzheimer de votre région. La Société offre en outre de l'information sur support imprimé ou en ligne; en plus d'un service d'assistance téléphonique.

Est-il possible de participer à des essais cliniques ?

Demandez à votre omnipraticien ou à votre spécialiste s'ils dirigent de tels essais, ou s'il y a des essais en cours dans votre région. La Société Alzheimer peut également vous renseigner à cet égard.

Je m'occupe de mon mari qui est atteint de démence. Avec qui puis-je communiquer quand rien ne va plus ?

Nous espérons que vous aurez suffisamment de soutien pour ne jamais vous décourager. Cependant, il y a des jours où vous pourriez vous sentir à plat. Gardez une liste des gens à qui vous pouvez faire appel près du téléphone :

- votre omnipraticien;

- la personne-ressource de l'équipe de soins de santé mentale que vous consultez;

- un ami de votre groupe de soutien avec qui vous avez conclu un pacte d'entraide;

- le service d'assistance téléphonique de la Société Alzheimer de votre région;

- le forum en ligne de la Société Alzheimer de votre région que vous consultez;

- un voisin ou un parent avec qui vous avez conclu un pacte d'entraide.

Ma mère montre des signes de perte de mémoire qui m'inquiètent, mais elle refuse de consulter un médecin. En outre elle nie avoir un problème. Que devrais-je faire ?

Essayez de prendre vous-même rendez-vous avec le médecin de votre mère et parlez-lui de vos inquiétudes. Un bon omnipraticien vous écoutera, puis il pourrait vous recommander de dire à votre mère que vous avez vu son omnipraticien et que ce dernier aimerait lui rendre visite afin de vérifier sa tension artérielle et de faire un examen général. Il est important que vous soyez présent quand le médecin viendra.

Mon père est atteint de démence. Ma mère est débordée avec tout ce qu'il y a à faire. Pourtant, tous les deux refusent catégoriquement de recevoir de l'aide de services externes. Que devrais-je faire ?

Essayez de savoir s'il s'agit d'un problème d'ordre financier et, le cas échéant, renseignez vos parents sur les prestations auxquelles ils pourraient être admissibles selon votre région. Invitez-les à utiliser, ou à vous permettre d'utiliser, cet argent pour payer des services d'aide. Ou vous pouvez choisir de payer vous-même ces services.

Il vous faudra prendre le temps de trouver une personne qui peut aider vos parents avec la lessive, le ménage et les courses. Vous devriez être présent les premières fois que cette personne vient à la maison.

Comment choisir la meilleure maison de santé pour ma mère qui souffre de démence ?

Il est utile de discuter de cette question avec le travailleur social, qui pourrait vous proposer quelques options. La Société Alzheimer de votre région ou d'autres organisations régionales peuvent aussi vous renseigner à ce sujet. Cependant, il ne s'agira que de noms sur une feuille de papier.

Si vous avez accès à Internet (ce service est souvent offert en bibliothèque), vous pouvez faire une recherche sur les maisons de santé. À certains endroits, il existe des évaluations de la qualité des soins. Cherchez les plus récentes. Si vous n'avez pas accès à Internet, vous pouvez appeler des organismes afin d'obtenir ces renseignements. L'étape suivante consiste à vous rendre sur place pour visiter les lieux et à poser des questions.

La société Alzheimer a dressé une liste des questions à poser quand vous visitez une maison de santé. Il est intéressant d'organiser un séjour d'une journée ou des services de répit pour votre mère dans un foyer résidentiel ou une maison de soins infirmiers pour vérifier comment elle y réagit. Il s'agit d'un long processus, mais qui vaut bien le temps qu'on y consacre.

Ma mère est atteinte de démence et doit aller vivre dans une maison de santé. Qui défraiera les coûts ?

Il existe deux types de maisons de santé :

1. les foyers résidentiels, ou résidences;

2. les maisons de soins infirmiers.

Les foyers résidentiels ne sont pas tenus d'avoir des infirmières parmi leur personnel. En revanche, les maisons de soins infirmiers doivent employer des infirmières et fournir des soins en tout temps. La plupart des maisons de santé appartiennent au secteur privé, certains à des organismes de charité et d'autres à l'État.

Votre mère devra subir une évaluation multidisciplinaire en vue de déterminer la nature de ses besoins, qui sera menée par les services sociaux locaux. Cela inclut les besoins d'ordre physique, social et de santé mentale, ainsi que les ressources financières.

Ne nécessite pas de soins infirmiers

Cela signifie que vous devez chercher un foyer résidentiel. Ce qu'il en coûtera à votre mère variera selon l'évaluation qu'auront faite les services sociaux de ses ressources financières.

Si sa seule source de revenu est sa pension de retraite de l'État, les autorités locales peuvent débourser la différence. En revanche, si elle a des épargnes au-delà d'un certain montant (qui peut varier), ces épargnes serviront à défrayer une partie des soins jusqu'à épuisement. À ce moment, les autorités locales débourseront le coût total.

Si votre mère est propriétaire d'une maison, on prendra sa valeur en compte dans l'évaluation de ses ressources financières.

Nécessite des soins infirmiers

Si la première évaluation révèle que votre mère a besoin de soins infirmiers, une seconde évaluation aura lieu afin de confirmer la nature de ces besoins.

Une fois les besoins en soins infirmiers confirmés, le système de santé défraie le coût de base d'une place en maison de soins infirmiers. Ce sera la contribution du système de santé aux soins de votre mère, qui s'ajoutent aux montants qu'elle-même et les autorités locales versent.

Dans certains cas graves et complexes, le système de santé prend l'ensemble des coûts en charge. Cela peut s'appliquer si votre mère requiert des soins infirmiers constants et la supervision continuelle d'un spécialiste hospitalier du fait de son état fragile, d'une grave maladie mentale ou d'un comportement difficile permanent.

En tant que donneur de soins de ma mère, ai-je droit à des prestations et elle y a-t-elle droit ?

Vous pourriez avoir droit à certains programmes d'aide ou de prestations selon votre région, qui peuvent varier selon que vous avez plus ou moins de 65 ans.

À ce sujet, consultez votre travailleur social, la Société Alzheimer ou un organisme de protection du citoyen.

Votre mère ou vous-même pourriez être admissibles à certaines réductions ou exemptions d'impôt. Renseignez-vous à ce sujet.

Mon père est atteint de démence et fait des erreurs dans la gestion de son argent. Que puis-je faire ?

Si cela n'a pas encore été fait, le plus urgent pour votre père est de signer une délégation de pouvoir, à condition qu'il soit toujours légalement en mesure de le faire (voir la page 89).

La délégation de pouvoir accorde l'autorité à une personne de son choix de gérer son argent une fois qu'il ne pourra plus le faire. L'exécuteur de la délégation de pouvoir a la responsabilité de décider du moment où votre père n'est plus en mesure de gérer ses affaires. Dans le doute, il peut demander l'avis du médecin.

Certains organismes de protection du citoyen offrent des formulaires de délégation de pouvoir en ligne ou sous forme imprimée. Ces formulaires peuvent s'avérer complexes à remplir et vous pourriez avoir besoin d'aide pour ce faire.

Il peut être utile de consulter un notaire. Cela représente des coûts, mais il pourrait vous en coûter plus cher de ne pas faire les choses de la bonne façon. Il importe d'avoir signé la délégation de pouvoir avant que la personne atteinte de démence n'ait plus la capacité (mentale) de le faire.

La signature de la délégation de pouvoir doit se faire en présence d'un témoin indépendant, lequel déclare par écrit que la personne comprend de quoi il s'agit et signe en toute connaissance de cause. Le témoin peut être une personne que vous connaissez depuis plus de deux ans ou un professionnel, par exemple un médecin.

Si le témoin a des doutes quand à la capacité de votre père de signer une délégation de pouvoir, demandez au médecin ou au psychiatre gériatrique d'évaluer sa capacité. Dans le cas présent, il est nécessaire que votre père comprenne ce qu'est une délégation de pouvoir et qu'il soit en mesure de choisir une personne de confiance pour gérer son argent.

Il y a plusieurs autres choses que vous pouvez faire si votre père y consent : établir une entente avec la banque pour limiter le montant des retraits, payer les factures par prélèvements automatiques et aviser les commerçants locaux du problème de votre père. Ce sont des façons d'aider votre père à maintenir son autonomie le plus longtemps possible sans faire des dépenses inconsidérées.

Le médecin m'a dit que ma femme est atteinte de la maladie d'Alzheimer. Le médecin lui a décrit en quoi consiste son problème, mais n'a pas utilisé le mot « Alzheimer ». Que devrais-je dire à mon épouse ?

Notre expérience nous porte à croire qu'il est toujours préférable de dire à la personne qu'elle souffre d'une forme de démence appelée « maladie d'Alzheimer ». Vous pouvez le faire vous-même ou demander au médecin de le faire.

Si vous choisissez de le faire vous-même, assurez-vous de dire à votre femme que cela surviendra lentement, mais qu'avec le temps elle aura besoin d'aide pour accomplir ses tâches quotidiennes, et que d'autres personnes et vous serez là pour l'aider et la soutenir.

Le choc que vous redoutez de causer à votre épouse est souvent amoindri par le fait qu'elle pourrait tout simplement oublier ce que vous lui avez dit. De plus, certaines personnes éprouvent du soulagement à pouvoir nommer leur problème au lieu de rester dans le vague.

Fonctionnement du cerveau

Conscient et subconscient

Le cerveau est de loin l'organe le plus complexe et le plus sophistiqué de l'organisme humain. Il permet de penser, de se souvenir, de se déplacer, de parler, d'interpréter ce qu'on perçoit par la vue, l'ouïe, l'odorat, le goût et le toucher, et de prendre des décisions. Tous ces processus sont conscients; en d'autres mots, nous avons connaissance qu'ils se produisent.

Le cerveau accomplit aussi un grand nombre de tâches subconscientes dont nous ne nous rendons pas compte. Par exemple, il contrôle les systèmes vitaux de l'organisme comme l'appareil respiratoire, le système cardiaque et la tension artérielle. Il produit aussi diverses hormones qui régulent le métabolisme et d'autres systèmes de l'organisme.

Anatomie du cerveau

Un cerveau d'adulte en santé possède une masse d'environ 1,3 kg (environ 2 lb). On estime qu'il contient environ 100 milliards de cellules nerveuses, les neurones. À l'adolescence, le cerveau cesse de créer de nouveaux neurones.

Système nerveux central

Le cerveau et la moelle épinière constituent le système nerveux central (SNC). Le cerveau effectue de nombreuses fonctions complexes. Il est par exemple la source de la conscience, de l'intelligence et de la créativité. Il surveille et contrôle, par l'intermédiaire du système nerveux périphérique (SNP), la plupart des processus corporels, qui vont d'actions automatiques comme la respiration à des actions volontaires complexes comme faire de la bicyclette.

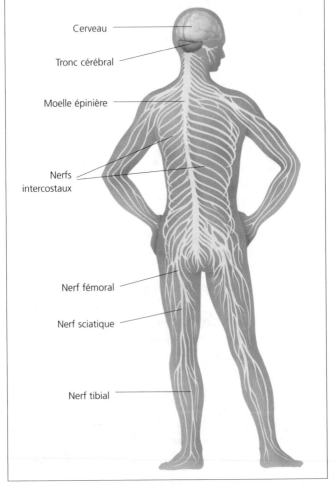

Cerveau

Tronc cérébral

Moelle épinière

Nerfs intercostaux

Nerf fémoral

Nerf sciatique

Nerf tibial

La taille et la structure de ces neurones fluctuent selon leur fonction dans l'organisme. Par exemple, les neurones responsables du mouvement sont très différents de ceux qui interprètent la vision.

Les neurones permettent la transmission de messages entre différentes parties du cerveau et vers le reste de l'organisme au moyen de pulsions électriques. Loin de n'être qu'une énorme masse de neurones, le cerveau est organisé en régions qui communiquent les unes avec les autres grâce à des faisceaux de neurones. Il en résulte un réseau de connexions hautement organisé.

Transmission de l'influx nerveux

Les neurones se connectent les uns aux autres par de minuscules espaces entre les cellules nerveuses appelés synapses. Un neurone possède entre 1 000 et 10 000 synapses et communique de façon constante avec d'autres neurones en libérant des composés chimiques appelés « neurotransmetteurs ». (Vous comprenez le présent contenu parce que vos cellules nerveuses émettent des messages et libèrent des neurotransmetteurs.)

Lorsqu'un neurone est traversé par une impulsion électrique, les synapses libèrent une petite quantité de neurotransmetteurs. Différents neurotransmetteurs remplissent différentes fonctions. Par exemple, certains neurotransmetteurs activent la prochaine cellule nerveuse de la chaîne, tandis que d'autres l'inhibent.

Quelle que soit leur fonction, les neurones présentent tous une structure similaire. Le centre du neurone est le noyau. En temps normal, de courtes ramifications, appelées « dendrites », s'étendent jusqu'au noyau. Les dendrites transmettent les impulsions nerveuses vers le centre du neurone. L'axone, un prolongement simple, transmet l'impulsion nerveuse hors du noyau.

Transmission des signaux par les cellules nerveuses

Le cerveau ressemble à un amas de fils téléphoniques qui transmettent des messages vers différentes parties du cerveau et le reste de l'organisme, et qui en reçoivent aussi. Certains messages sont déclenchés par des impulsions électriques, tandis que d'autres dépendent de la libération et de la transmission de composés chimiques particuliers appelés « neurotransmetteurs ».

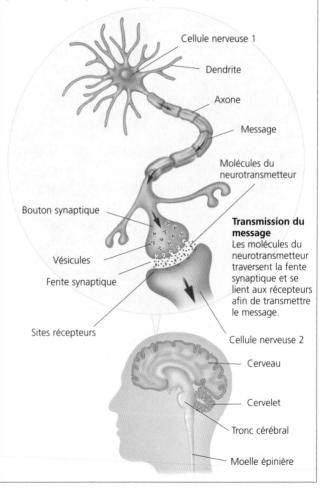

Cellule nerveuse 1

Dendrite

Axone

Message

Molécules du neurotransmetteur

Bouton synaptique

Transmission du message
Les molécules du neurotransmetteur traversent la fente synaptique et se lient aux récepteurs afin de transmettre le message.

Vésicules

Fente synaptique

Sites récepteurs

Cellule nerveuse 2

Cerveau

Cervelet

Tronc cérébral

Moelle épinière

Afin de rester en santé, le cerveau requiert une importante quantité d'oxygène et de glucose, qui lui sont fournis par de grands vaisseaux sanguins, les artères carotide et vertébrale. Environ un litre de sang (soit le cinquième du flux sanguin cardiaque) irrigue le cerveau chaque minute. Toute interruption de l'alimentation sanguine peut rapidement endommager les cellules nerveuses.

Alimentation sanguine du cerveau

Le sang est acheminé vers le cerveau depuis l'avant du cou et la colonne vertébrale. Les artères s'unissent en une forme circulaire, ce qui aide à maintenir une irrigation sanguine adéquate au cas où une artère se bloque.

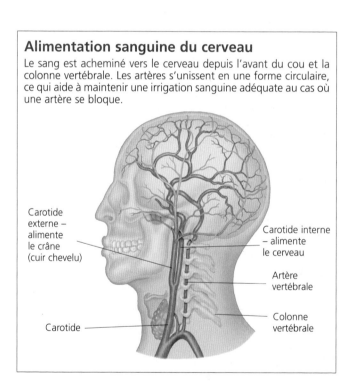

Carotide externe – alimente le crâne (cuir chevelu)

Carotide interne – alimente le cerveau

Artère vertébrale

Carotide

Colonne vertébrale

Fonction des différentes parties du cerveau

Le cerveau se divise en deux parties principales, soit la partie extérieure, appelée « cortex » (où prennent place les processus conscients) et la partie intérieure, appelée « région médullaire ». Au centre du cerveau se trouvent le mésencéphale et le tronc cérébral. Ces parties intègrent les influx nerveux provenant des différentes parties du cerveau ainsi que l'information envoyée par le reste de l'organisme (à la façon d'un central téléphonique) et contrôlent les processus subconscients, comme la tension artérielle et le rythme cardiaque. Le cervelet, situé à l'arrière du cerveau, aide à contrôler le mouvement.

Cortex

Le cortex, à la surface du cerveau, se divise en régions distinctes, les lobes, qui ont différentes fonctions. Bien qu'il s'agisse d'une façon très simplifiée d'envisager la fonction cérébrale, il peut être utile de connaître le rôle de chaque lobe dans les processus cérébraux.

Lobe frontal

Le lobe frontal (le lobe le plus massif, situé dans la partie antérieure du cerveau) a plusieurs fonctions, dont la pensée abstraite, la planification et la prise de décision. On croit aussi que cette région du cerveau contrôle la motivation et le comportement. Certaines personnes ayant subi une lésion au lobe frontal perdent toute inhibition et font des gestes étranges et inappropriés; d'autres n'ont plus de motivation et deviennent apathiques. La partie arrière du lobe frontal contrôle le mouvement volontaire.

Cerveau human

Le cerveau est encastré dans le crâne et communique avec le reste de l'organisme par l'intermédiaire des nerfs crâniens (qui passent par les orifices du crâne) et des nerfs rachidiens (qui émergent de la moelle épinière à travers de petits espaces entre les os de la colonne vertébrale), qui contrôlent les bras, le tronc et les jambes.

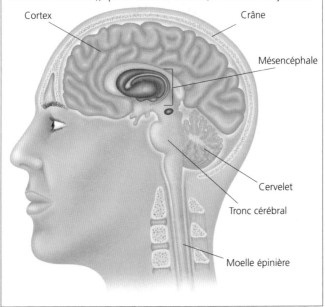

Cortex

Crâne

Mésencéphale

Cervelet

Tronc cérébral

Moelle épinière

Lobe pariétal

Le lobe pariétal se trouve derrière le lobe frontal. Il joue un rôle important dans l'interprétation du toucher et de l'ouïe, et amasse de l'information provenant des autres systèmes sensoriels (comme la vision) afin de favoriser l'intégration de différentes sensations. Les dommages au lobe pariétal peuvent empêcher une personne de comprendre les influx sensoriels.

Structure du cerveau

Le cerveau est composé de deux hémisphères, le gauche et le droit. Chacun des hémisphères comprend quatre lobes. Chacun des quatre lobes de chaque hémisphère cérébral gère ses propres fonctions physiques et mentales. Des dommages au cerveau peuvent perturber l'exécution de ces fonctions.

COUPE LATÉRALE

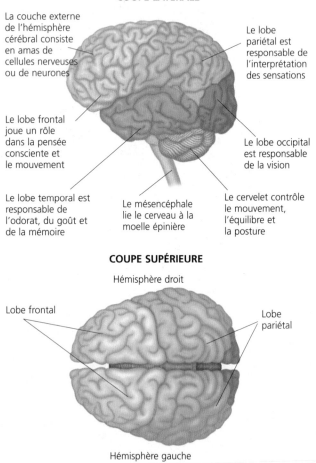

La couche externe de l'hémisphère cérébral consiste en amas de cellules nerveuses ou de neurones

Le lobe pariétal est responsable de l'interprétation des sensations

Le lobe frontal joue un rôle dans la pensée consciente et le mouvement

Le lobe occipital est responsable de la vision

Le lobe temporal est responsable de l'odorat, du goût et de la mémoire

Le mésencéphale lie le cerveau à la moelle épinière

Le cervelet contrôle le mouvement, l'équilibre et la posture

COUPE SUPÉRIEURE

Hémisphère droit

Lobe frontal

Lobe pariétal

Hémisphère gauche

Lobe occipital

Le lobe occipital se trouve dans la partie arrière du cerveau. Il est principalement responsable de l'interprétation de la vision.

Mémoire

La mémoire est le processus qui permet d'enregistrer, puis d'emmagasiner et de récupérer une information. Nous sommes constamment en train de produire de nouveaux souvenirs.

Des scientifiques croient qu'il y a deux principaux types de mémoire.

Mémoire à court terme

La mémoire à court terme permet de retenir une quantité limitée d'information (environ 7 éléments) jusqu'à environ 30 secondes. Par exemple, on arrive en général à se rappeler un numéro de téléphone ou un numéro de plaque d'immatriculation juste assez longtemps pour pouvoir le prendre en note. Mais si un autre événement survient entretemps, la première information est rapidement oubliée.

Mémoire à long terme

Certains éléments peuvent passer de la mémoire à court terme à la mémoire à long terme. Cela peut se produire parce qu'on fait la même action à répétition (par exemple lorsqu'on apprend les répliques d'une pièce de théâtre) ou lorsque l'élément est associé à une émotion forte. La plupart des gens se rappellent d'incidents qui les ont grandement troublés ou rendus craintifs. C'est ce qu'on appelle un « souvenir flash ».

On peut aussi catégoriser la mémoire en fonction du type d'information emmagasinée. La mémoire procédurale ne requiert aucun effort de rappel conscient, car elle réfère souvent à la répétition de gestes : par exemple un conducteur automobile chevronné ne se demande pas « Comment ça marche ? » lorsqu'il prend place derrière le volant.

La mémoire explicite ou déclarative requiert en revanche un effort conscient. Par exemple, si vous voulez rendre visite à un ami en voiture, vous devez consciemment vous rappeler son adresse. La mémoire déclarative est parfois subdivisée en mémoires, soit la sémantique et l'épisodique.

La mémoire sémantique encode des aspects généraux qui n'ont pas de lien avec un moment, un endroit ou un contexte particuliers. Ainsi, se souvenir qu'une personne est un ami appartient à la mémoire sémantique, tandis que se rappeler la dernière fois où on l'a vue lors d'une promenade à la mer un chaud samedi après-midi de l'été dernier relève de la mémoire épisodique.

Effet des formes de démence sur la structure et la fonction du cerveau

L'une des caractéristiques de la plupart des formes de démence est le rapetissement du cerveau. On pense qu'il est attribuable à la mort de cellules nerveuses. Dans la plupart des cas de démence, la quantité de certains composés chimiques du cerveau diminue, ce qui est à l'origine de problèmes dans la communication entre les cellules nerveuses.

La perte de cellules nerveuses combinée à la diminution de composés chimiques entraîne des symptômes comme la perte de mémoire, les changements de personnalité ainsi que des troubles de la réflexion, de la planification et du langage.

Bien que cela varie d'une personne à une autre, la plupart des gens atteints de démence présentent d'abord des troubles de mémoire. Leur capacité d'emmagasiner de nouveaux souvenirs diminue, très subtilement au début. Il arrive souvent que ce soient les souvenirs les plus récents qui se perdent en premier. Les souvenirs d'enfance peuvent rester vifs longtemps après que la personne a oublié les événements récents.

Cerveau d'une personne atteinte de la maladie d'Alzheimer

Voici une illustration assistée par ordinateur d'une coupe verticale (coronale) du cerveau d'une personne atteinte de la maladie d'Alzheimer (gauche) comparée à un cerveau normal (droite). Le cerveau touché par la maladie d'Alzheimer présente un rapetissement considérable en raison de la dégénérescence et de la mort des cellules nerveuses. Mis à part la diminution de la masse cérébrale, on observe une augmentation des plis à la surface. Il y a des filaments protéiques (enchevêtrements neurofibrillaires) dans les cellules nerveuses et les patients développent des lésions cérébrales dues à la protéine bêta-amyloïde.

Cerveau touché par la maladie d'Alzheimer   Cerveau normal

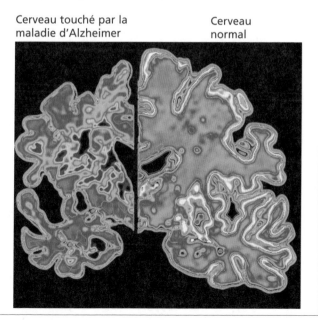

POINTS CLÉS

■ Le cerveau est un organe complexe qui contient un réseau hautement organisé de 100 milliards de cellules nerveuses.

■ Les cellules du cerveau communiquent entre elles à l'aide de composés chimiques, les neurotransmetteurs.

■ En présence de démence, il survient une diminution du nombre de cellules nerveuses et de neurotransmetteurs.

Index

Vos pages

Nous avons inclus les pages ci-après en vue de vous aider à gérer votre maladie et son traitement.

Avant de fixer un rendez-vous avec votre médecin de famille, il serait utile de dresser une courte liste des questions que vous voulez poser et des choses que vous ne comprenez pas afin de ne rien oublier.

Certaines des sections peuvent ne pas s'appliquer à votre cas.

Soins de santé : personnes-ressources

Nom :

Titre :

Travail :

Tél. :

Nom :

Titre :

Travail :

Tél. :

Nom :

Titre :

Travail :

Tél. :

Nom :

Titre :

Travail :

Tél. :

Antécédents importants – maladies/ opérations/recherches/traitements

Événement	Mois	Année	Âge (alors)

Rendez-vous pour soins de santé

Nom :
_____
Endroit :
_____
Date :
_____
Heure :
_____
Tél. :
_____

Nom :
_____
Endroit :
_____
Date :
_____
Heure :
_____
Tél. :
_____

Nom :
_____
Endroit :
_____
Date :
_____
Heure :
_____
Tél. :
_____

Nom :
_____
Endroit :
_____
Date :
_____
Heure :
_____
Tél. :
_____

Rendez-vous pour soins de santé

Nom :

Endroit :

Date :

Heure :

Tél. :

Nom :

Endroit :

Date :

Heure :

Tél. :

Nom :

Endroit :

Date :

Heure :

Tél. :

Nom :

Endroit :

Date :

Heure :

Tél. :

Médicament(s) actuellement prescrit(s) par votre médecin

Nom du médicament :

Raison :

Dose et fréquence :

Début de l'ordonnance :

Fin de l'ordonnance :

Nom du médicament :

Raison :

Dose et fréquence :

Début de l'ordonnance :

Fin de l'ordonnance :

Nom du médicament :

Raison :

Dose et fréquence :

Début de l'ordonnance :

Fin de l'ordonnance :

Nom du médicament :

Raison :

Dose et fréquence :

Début de l'ordonnance :

Fin de l'ordonnance :

Autres médicaments/suppléments que vous prenez sans une ordonnance de votre médecin

Nom du médicament/traitement :

Raison :

Dose et fréquence :

Début de la prise :

Fin de la prise :

Nom du médicament/traitement :

Raison :

Dose et fréquence :

Début de la prise :

Fin de la prise :

Nom du médicament/traitement :

Raison :

Dose et fréquence :

Début de la prise :

Fin de la prise :

Nom du médicament/traitement :

Raison :

Dose et fréquence :

Début de la prise :

Fin de la prise :

Questions à poser lors des prochains rendez-vous

Questions à poser lors des prochains rendez-vous

Notes

Notes